JN440371

새벽형 인간

새벽형 인간

WORK LIFE BALANCE

이케다 지에 지음 | 정문주 옮김

북허브

아침 4시에 일어나면 인생이 변한다

출근하자마자 무서운 기세로 메일 확인을 끝냈다 싶으면 곧바로 이어지는 부장님 호출. 급한 업무 지시와 고객 불만에 응하다 보면 월요일 아침은 어떻게 지나갔는지도 모를 정도이다. 허덕거리는 사이에 시계는 어느덧 오후 1시를 가리키고, 점심시간도 끝나가는데 배가 이제야 고파온다. 기분 전환 삼아 점심이라도 멋진 데서 먹고 싶지만 오후 업무도 산더미처럼 잔뜩 쌓여 있다. 결국 외부에서 하는 식사는 포기. 하는 수 없이 편의점에서 샌드위치를 사와서는 다시 컴퓨터 앞에 앉아 입이 터져라 밀어 넣으며 메일에 답장을 보낸다. 겨우 업무를 마치고 보니 저녁 8시. 저녁 6시부터 술 약속이 있었는데 이번에도 포기했더니 기분이 우울하다. 게다가 어찌나 바빴는지 평소 하지 않던 실수도 종일 연발해 좌절감까지 밀려온다. 온힘을 다해 열심히 일하는데도 어째서 항상 이런 식일까? '바쁘다, 바빠' 를 연발하지만 실제로도 그만큼 제대로 된 결과를 내고 있긴 한 걸까? 나는 정말로 회사에 기여하고 있는 것일까? 이대로라면 시간이 아무리 넉넉하다고 해도 결국은 업무 처리에 쫓기게 될 것이다.

매일 같이 반복되는 일, 일, 일…. 하고 싶은 일과 해야 할 일이 가득한데 눈앞의 일에 쫓기다보면 결국 '나' 라는 존재는 나중으로 밀리고 만다. 밤이 되어 돌아보면, 대단할 것도 하나 없는데 피곤함만 남는다.

활기가 넘치는 주위 사람을 보며 '대체 난 뭘 하고 있는 거야? 내일은 더 힘내야지!' 라고 결심하고도 다음날이 되면 어느새 까맣게 잊고 다시 일상에 허덕인다. 이대로는 안 된다는 것을 자신도 알고 있지만 대체 어디서부터 손을 대야 좋을지 알지 못하고, '나란 사람이 원래 그렇지, 뭐.' 라는 생각에 한숨만 나온다.

사실 과거의 내 모습도 그랬지만, 아침 4시에 일어나는 습관을 들이면서 인생의 방향이 크게 바뀌었다. 물론 좋은 방향으로. '이것도 해야 하고 저것도 해야 하고……. 큰일 났다. 너무 바빠. 어쩜 좋지?' 이런 말들을 입에 달고 여유라고는 전혀 없이 빡빡한 나날을 보내던 나도 언제부턴가 '바쁘다' 라는 말이 줄었고 많은 것을 실현하게 되었다. 나는 현재 밤 11시에 자고 아침 4시에 일어나는 생활 패턴을 유지하고 있는데, 이런 습관 덕분에 지금까지 다음과 같은 일들을 실현할 수 있었다.

- 나는 후쿠시마 현(福島縣)에 있는 시골 공립학교에 다니던 시절, 담임선생님께 '너는 IQ가 낮아' 라는 말을 듣고 대학 입시에 두 번이나 실패한 바 있다. 그런 내가 반년도 안 되는 시간 동안 아침 일찍 일어나 공부하는 생활을 통해 명문 사립대 인기학부 랭킹 1위(1995년 당시)를 달리던 게이오 대학 종합정책학부에 입학할 수 있었다.
- 졸업 후 입사한 와타미에서는 얼마나 일을 못했는지 점장 자리는 기대도 하지 못할 정도로 앞날이 캄캄했다. 하지만 업무 시작 전 아침 시간을 활용한 사전 준비를 통해 업무 능력을 향상시킨 덕분에 세계적인 대형 외국

계 전략 컨설팅 회사(이하 외국계 컨설팅 회사)로 이직할 수 있었다.

- 외국계 컨설팅 회사에서는 시급 1,000엔대 인턴사원으로 시작해 정직원으로 승격했고, 나중에는 정직원 중에서도 상위 그룹인 시니어 스태프 자리에까지 승진했다. 한편 컨설턴트를 돕는 위치인 동시에 강사로서 컨설턴트들에게 파워포인트 지도를 하면서 연봉이 두 배로 올랐다.
- 외국계 컨설턴트 회사의 살인적인 업무 스케줄 속에 책임 있는 일들을 담당하면서도, 취미로 취득한 음식 관련 자격증(일본주, 와인, 치즈, 제빵 관련)을 살려 주말 시간을 활용해 강좌를 열었고, 라디오나 맥주 회사의 공식 사이트 등 미디어의 취재를 받거나 50명이 참가하는 규모의 이벤트를 주최하기도 했다.
- 회사를 나와 독립한 직후부터 다양한 업무 제안을 받고 있으며, 현재는 '도식화 컨설턴트'로서 자유롭게 일하고 있다.

아침 4시에 일어나면 지금껏 시간에 쫓겨 누리지 못했던 여유 있게 생각할 수 있는 시간이 늘어난다. 생각할 시간이 늘어나면 그와 함께 업무 처리 능력이 향상되고, 해야 할 일과 버려야 할 일의 우선순위를 분명하게 구분 지을 수 있다. 그 결과 일의 실적도 오르고 정시에 퇴근할 수 있게 된다. 야근이 줄어드는 만큼 밤에 자유로운 시간을 확보할 수 있다. 나는 그 시간에 취미와 관련된 레슨을 받고, 가족이나 지인들과 식사를 하는 등 사생활 면에서도 알찬 시간들을 만들어갔다. 일찍 일어나는 만큼 밤에는 자연스럽게 일찍 잠들게 되어 규칙적인 생활도 할 수 있었다. 그렇게 했더니 나도 모르는 사이에 일과 취미를 어느 것 하나 포기하지 않고 전력투구할 수 있는 모습으로 거듭나 있었다.

나는 그것을 '아침 4시 기상이 선사한 인생 최강의 사이클' 이라고 생각한다.

지금 생각하면, '아침 4시 기상' 은 남보다 몇 배는 힘이 부치던 상태에서 벗어나 공격적인 자세로 승전보를 올리기 위한 준비 의식과도 같았다. 지금 자신이 보잘것없어 보이는가? 설사 그렇다 하더라도 남들이 안 보는 데서 열심히 노력하면 언젠가는 반드시 빛을 볼 날이 있다. 새벽 기상은 동료, 가족에게 알리지 않고 조용히 내 가치를 향상시키고 싶던 나의 의욕을 자극했다. 그렇게 새벽 기상은 나를 180도 변화하게 했지만 물론 처음에는 힘들기만 했다. 그러나 나중에는 고통에서 서서히 쾌락으로 변해갔다. 그 이유는 하나, 얻은 결과들이 엄청났기 때문이다. 눈을 뜰 때 약간 힘든 것만 감수하면 바라는 모든 것이 손에 들어왔다. 이런 기쁨은 지금까지 맛본 적이 없었다.

아침 4시 기상. 이 말을 들으면 모두 눈이 휘둥그레진다. 특히 겨울에는 아직 동이 트기 한참 전인 칠흑 같은 어둠 속에 묻혀 있을 시간이다.

"아침이 아니라 밤에 일어난다는 말이야?" 종종 어떤 사람들은 비웃듯이 그렇게 묻기도 했다. "스스로 자신을 컨트롤하는 의지가 보통 강한 게 아니구나?", "금욕주의자 아냐?" 라는 등의 말도 들었다.

아침 4시에 기상하는 습관을 들이면 '최강의 인생 사이클'이 시작된다.

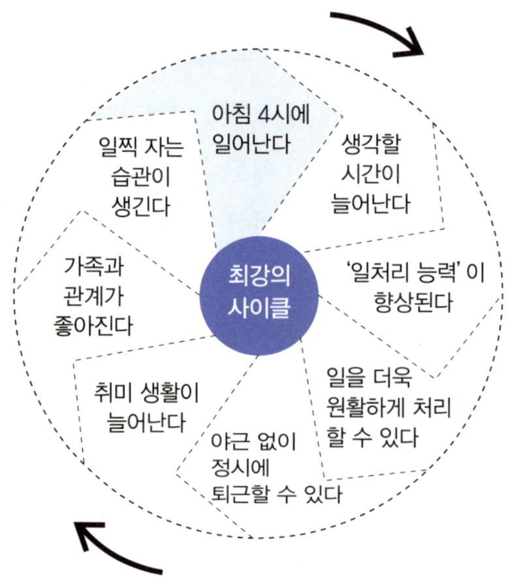

분명히 아침 4시 기상은 쉬운 일이 아니다. 그러나 일어날 때의 잠깐의 고통에 비해 얻게 되는 성과는 상상을 초월할 만큼 크다. 다시 말해, 나는 금욕주의자가 아니라 오히려 욕심이 많기 때문에 아침 4시에 일어날 수 있는 것이다.

세상은 욕망으로 넘쳐난다. 새 옷, 유명 브랜드, 맛있는 요리, 여행, 높은 월급, 미모, 행복한 결혼……. 쾌락을 위한 욕망이 있는가 하면 성장을 위한 욕망도 있다. 오래 생각하지 않아도 끝도 없이 것들이 떠오른다. 그 수많은 욕망이 전부 이루어진다면 얼마나 행복하겠냐고 생각하는 사람도 많을 것이다.

하지만 그건 '불가능해. 현실적으로 그걸 다 이룰 수는 없어.' 라고 스스로 제동을 거는 사람도 많은 것이 사실이다. 독자 여러분도 '그렇게 욕심 부리면 벌 받아.' 라거나 '애당초 목표를 전부 이룰 만큼의 시간도 없는 걸.' 이라고 생각하지는 않는가? 나도 처음에는 그렇게 생각했지만 지금은 그렇지 않다. '욕심쟁이!' 원래는 그렇게 좋은 의미로 사용되는 말이 아니지만, '욕심쟁이' 가 된다고 해서 나쁠 것은 없다. 욕심쟁이라는 것은 자신을 몇 단계든 끌어올리려는 의욕이 있다는 반증 아닌가? 나는 현재의 모습보다 훨씬 나은 사람이다! 아직 본격적으로 달려들지 않았다!

현재의 모습에 절대로 만족할 수 없다! 그러니 더 분발해서 멋진 미래를 만들겠다! 이런 적극적인 생각을 드러내는 사람이 바로 욕심쟁이이다.

어떤 시대에나 '남들이 아무리 놀아도 나만큼은 열심히 할 거야.', '노력하다보면 언젠간 보상받을 거야. 하늘은 알고 있어.' 라는 생각으로 꾸준히 노력하는 사람이 반드시 있다. 나는 그런 야무진 생각을 하는 사람들에 대한 애정의 표현으로 '욕심쟁이' 라는 말을 쓴다. 욕심이 있어야만 그 욕심을 채우기 위한 에너지가 나오고, 욕심을 실현하고 싶기 때문에 필사적으로 어떻게 할지를 생각하게 된다. 사람이 욕심도 없고 하고 싶은 일도 없다면 인생이 무슨 의미가 있는가? 그저 시간의 흐름에 몸을 맡기고 늙어 죽기만 기다리는 것과 다를 게 없지 않을까?

나는 그런 인생을 살고 싶지는 않다. '성공한 사람' 들을 부러워만 하기보다는 '나도 그렇게 되고 싶다!' 라고 욕심을 부리고, 목표를 실현했을 때의 기쁨을 당근 삼아 자신을 더 채찍질하는 것이 훨씬 건전하다고 본다. 그러므로 욕심을 부리는 것은 절대로 나쁜 일이 아니다. 욕심을 부리면 그만큼 창조적인 아이디어가 떠오르고, 얻는 것도 많을 것이다. 지금은 불경기 중에서도 최악의 불경기이다. 앞으로도 몇 년은 이렇게 힘든 상황이 계속될 것이라고 한다. 개인의 작은 욕망은 참아야 한다는 분위기이다. 하지만 참고 참은 끝에 '이렇게나 참았는데도 난 왜 여전히 이 모양일까?' 라고 자신의 인생을 불행하게 여기는 삶이 되어서는 곤란하지 않겠는가? 스스로 행복해져야만 주위 사람들도 행복하게 해줄 수 있다.

다시 말하면 자신의 욕심에 대해 더 많이 긍정해도 된다는 뜻이다. 사람은 누구나 바라는 바를 더 많이 이룰 권리와 자기만의 능력을 갖추고 있다. 단, 주의할 것도 있다. 건전한 욕구라 할지라도 거기에는 반드시 인내가 필요한 법. 맛있는 열매는 쓰디쓴 인내에 대한 보상으로 얻게 된다는 점을 기억해야 한다. 살을 빼고 싶은 사람은 운동과 함께 식사량을 줄여야 하고, 시험에 합격하고 싶은 사람은 노는 시간을 줄여야 한다. 사람에 따라 차이는 있겠지만 모든 일에는 그에 합당한 대가를 치러야 한다는 것은 만고의 진리이다.

"인내는 쓰다. 그러나 열매는 달다!" 재수하던 시절에 학원 선생님이 자주 들려주신 말씀이다. 최선을 다하는 사람은 그렇지 않은 사람보다 반드시 달콤한 열매를 많이 얻을 것이라고 나는 확신한다. 처음에는 큰 인내와 비교해 작은 성과밖에 얻지 못할 수도 있지만, 노력하는 과정에서 얻은 경험은 온전히 자신만의 것이다. 노력 이상의 결과를 얻고 싶은 것은 인지상정이다. 따라서 엉뚱한 데 힘을 빼지 않기 위해서도 시간을 효율적으로 쓸 수 있는 아침 시간을 활용할 것을 강력히 권한다.

세상을 살아간다는 것은 결코 쉬운 일이 아니다. 하기야 '크게 힘 들이지 않고도' 욕구를 충족시키는 사람들이 있는 것도 사실이다. 그런 삶도 분명히 매력적이긴 하지만, '큰 힘을 들이지 않다' 라는 것은 '머리를 쓰지 않고' 라는 말과도 일맥상통한다. 쉽게 얻은 지식은 동일한 환경에서만 통한다. 즉, 상황이 달라지면 같은 결과를 얻기가 어렵다는 것이다. 반면에 일단 노력을 통해 노하우를 깨달은 사람이라면 설령 완벽하게 다른 환경에 놓인다 하더라도 다시 새로운 노하우를 얻을 수 있을 것이다. 물론 방향을 잘못 잡아 헛수고를 하는 것도 결코 바람직하지는 않다.

제2장에서 언급하겠지만 나도 예전에는 많은 시행착오를 겪었다. 과식증과 거식증을 오가는 생활을 하기도 했다. 하

지만 아침 4시에 일어나면서부터는 노력의 방향이 잘못되었다면 스스로 수정할 수 있는 안목과 힘이 생겼다.

'노력' 이란 것은 체력 단련에 비유해서 말하자면 '근육 트레이닝' 에 해당된다. 평소 기초 체력을 길러두지 않으면 막상 필요할 때 힘을 발휘할 수 없다. 또한 지식 없이 무작정 훈련해도 몸이 망가지기만 할 뿐 단련이 되는 것은 아니다.

'노력', '끈기' 라고 하면 왠지 눈물 나게 고생스럽고, 힘들고, 쿨하지 않다는 느낌을 받는 이들도 많겠지만, 자고로 노력하는 사람은 따라잡기 어려운 법이다.

인생은 쉽고 편안하기만 해서는 의미가 없다. 힘들고 어려운 시기를 극복하고 나서 환호성을 지를 수 있는 살아 있는 인생이야말로 값진 것이다.

범재가 수재와 천재를 따라 잡으려면 철저한 노력을 기울이는 시기가 필요하다. 그중 하나가 바로 '4시 기상' 이다. 이 책은 '누구나 쉽게 4시에 일어날 수 있다' 며 절대적인 비결을 알려주는 책은 아니다. 나 자신이 직접 겪은 다양한 체험과 정보를 통해 얻은 지식들을 조합해 검증하고 구축한 메소드, 즉 구체적인 방법이다. 게다가 여기에 소개된 방법을 꾸준히 실천하는 데는 굳은 의지가 필요하다. 그런 점에서 단순히 노하우를 전수하는 것과도 거리가 멀다.

따라서 이 책은 '손쉽게 4시에 일어나기' 라는 책이 아니라 '일찍 일어나서 얻은 자유 시간과 자신감으로 자신의 꿈을 어떤 식으로 실현할지 결심하라' 는 책이다. 즉 한정된 시간을 아주 효과적으로 활용하기 위한 수단으로 '아침 4시 기상' 이라는 라이프 스타일을 소개하는 것이다.

'아침 4시에 일어나는 비결을 배우려고 샀는데 굳은 의지까지 필요하다니 말도 안 돼!' 라고 화를 내는 독자도 있을지 모른다. 그러나 화를 내기 전에 다시 한 번, 자기 자신에게 질문을 던져보자.

'내가 일찍 일어나서 하고 싶은 것은 무엇인가?' 누구에게나 졸음을 쫓는 것은 힘들고도 힘든 일이다. 눈을 뜨고 있을 때는 '이것도 하고 저것도 하자.' 라는 생각이 머릿속에 가득하더라도, 그런 생각이 졸음을 이기지 못 하면 기상으로 이어질 수가 없다. '일찍 일어나자' 고 마음먹기 전에 '무엇 때문에 일찍 일어날 것인지' 를 짚어보는 목적의식을 명확히 하는 것이 새벽 기상을 꾸준히 지속할 수 있는 가장 큰 비결이다.

결론은 간단하다. 일찍 일어나는 괴로움을 뛰어넘는 장점이 있어야만 비로소 눈이 떠질 것이다. 아침 4시 기상은 당연히 고통을 수반한다. 그래도 이를 악물고 일어나보면 아주 크고 달콤한 열매를 얻을 수 있다는 것을 늘 명심하라.

필자는 무슨 일을 해도 요령이 부족해서 애를 먹는다. 그래도 지금은 여러 차례 시행착오를 겪은 끝에 많은 것을 이루고 자신감을 얻었다.

'발전하고 싶다' 는 욕구가 분명한 독자들이라면 4시 기상으로 분명히 큰 수확을 얻을 것이다. 자신 안의 잠재력을 사장시키는 우를 범하지 않길 바란다.

뭐 하나 내세울 것 없던 필자도 확신하며 살아갈 수 있게 된 만큼 독자 여러분도 충분히 가능하다고 믿어 의심치 않는다. 자, 우리 함께 아침형 생활을 만끽해보자!

2010년 7월

이케다 지에池田千恵

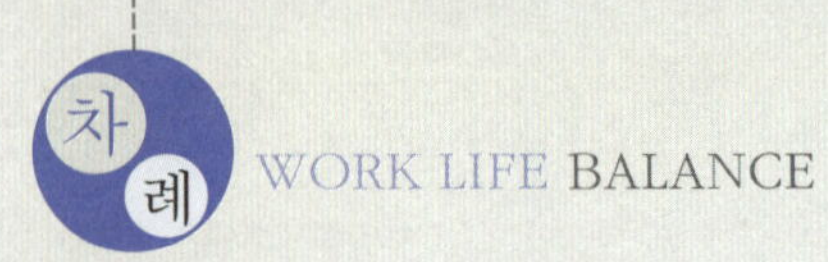

차례

아침 4시 기상으로 최상의 '워크 - 라이프 밸런스'를!

일과 생활을 멋지게 융합하기

WORK LIFE BALANCE

Chapter 1

사람들은 대개 "아침 4시에 일어나면 아침형 생활을 만끽할 수 있다!"는 말에 솔깃해하면서도, 한편으로는 '그 꼭두새벽에 일어난다는 건 불가능에 가깝다' 라고 생각한다. 일찍 일어나는 것은 누구에게나 힘든 일이다. 게다가 수면욕은 다른 어떤 욕구보다 참기 어려운 것으로, 대개는 온갖 변명을 끌어다 대며 조금이라도 더 자고 싶어 한다. "그래, 결심했어! 내일부터 일찍 일어나는 거야!" 이렇게 굳은 결심을 해도 다음날 아침이면 이런 저런 이유를 대는 것이 인지상정이다. "아~ 졸려. 꼭 오늘부터 시작해야 되나? 쇠털 같이 많은 날, 내일부터 실천하기로 하고 오늘은 조금만 더 자자!" 이러한 '꼭 지금 일어나지 않아도 되는 이유' 를 차단하고, 무조건 기상은 4시라고 '사고를 경직화' 시켜 기계적으로 일어나려면, '변명 차단' 과 '습관 붙이기' 과정이 필요하다. 일단 일어나면 이것저것 생각하지 말고 '이 일부터 착수!' 라고 미리 결정해두자. 그러면 몸도 따라서 적응할 것이다. 이제부터 그 실천법을 익혀보자.

좀 더 수월하게 아침 4시에 일어나려면?

01

힘들이지 않고 일찍 일어나기 위한 '변명 차단법'

몇 시에 일어나도 더 자고 싶은 건 마찬가지

한 번 일어났다가도 다시 이불 속으로 들어가고 싶은 마음은 누구나 매한가지다. 하지만 생각해보자. 그런다고 해도 어차피 나중에 일어날 때 괴롭기는 마찬가지 아닐까? 아니, 솔직히 두 배는 힘들 것이다. 그러니 괴로운 아침 기상을 하루에 두 번이나 경험할 필요는 없다.

나는 더 자고 싶은 유혹이 있을 때마다 '꼭 지금 일어나지 않아도 되는 이유'가 떠오르기 전에 '언제 일어나도 더 자고 싫은 건 마찬가지' 라고 주문처럼 되뇌며 4시에 일어나는 습관을 몸에 붙였다.

눈을 뜨면 아무 생각도 하지 말고 자리에서 일어나라

꼭 지금 일어나지 않아도 되는 변명거리는 왜 자꾸 떠오르는가? 이불 속에서 뭉그적거리기 때문이다. 따라서 생각할 여지를 주지 않고 눈을 뜨자마자 반사적으로 벌떡 일어나는 것이 해결책이다. 일단 몸을 일으키고 나면 몸이 먼저 '기상했다' 라고 이해하기 때문에 자연히 잠도 깨게 된다.

아침에 조금만 참으면 하루의 스트레스가 엄청나게 줄어든다

아침 4시에 일어나면 업무를 시작하기 전까지 그날 하루 동안 일을 얼마나 진행할 수 있을지 충분히 시뮬레이션해볼 수 있다. 그러다보면 잔업도 줄어들고,

결과적으로 귀가도 빨라진다. 그러면 가족과 보내는 시간도 충분히 확보할 수 있다. 괴로운 건 아침 시간에 아주 잠깐뿐이다. 그 순간만 참으면 하루를 의미 있게 보낼 수 있다.

늦게 돌아온다고 불평하는 가족은 있어도 일찍 일어난다고 불평하는 가족이 있을까? 내가 아는 어느 주부는 일 때문에 늦게 오는 남편을 위해 매일 저녁상을 차려놓고 기다렸다고 한다. 그때 "지금 갈게."라고 연락하고도 좀처럼 돌아오지 않으면 혹시 사고라도 난 건 아닌지, 배는 얼마나 고플지 걱정이 이만저만이 아니었다고. 그래서 정작 남편 얼굴을 보면 심한 말이 터져 나온다는 것이다.

아침 4시에 일어나서 업무 시뮬레이션 능력을 기른 나는 그 이야기를 듣고 '일찍 일어나면 집에도 일찍 갈 수 있을 텐데.' 싶어 안타깝기 짝이 없었다.

이 밖에 아침 시간을 좀 더 활용하면 좋은 점이 또 있다. 바람을 피우거나 나쁜 짓을 하고 다닌다는 엉뚱한 의심을 받을 일이 없다는 것이다. 아침 4시에 문을 여는 데는 24시간 영업하는 편의점 정도밖에 없을 테니까. 그래서 아침 4시에 일어나면 가족도 더불어 행복해진다.

02

힘들이지 않고 일찍 일어나기 위한 '습관 붙이기 방법'

일찍 일어나지 않는 가족과 일부러라도 한 방에서 잔다

가족이 있는 사람이라면 '일찍 일어나려다가 가족까지 아침잠을 설치는 건 아닐까?' 하고 걱정할 수도 있다. 그래서 배우자와 아이들을 함께 재우고 자신은 각방을 쓰는 것이 오히려 덜 미안하다고 생각하기도 한다. 하지만 필자는 일부러라도 같은 방에서 잘 것을 권한다. 이유는 두 가지다.

① 잠들기 전에 가족과 나누는 대화는 매우 소중한 의사소

통이므로 그 기회를 포기하면서까지 일찍 일어나겠다는 목적을 달성하는 것은 주객전도다.

② 가족에게 끼치는 수고를 최소한으로 줄이면서 아침에 얼마나 순간적으로 재빠르게 일어날 수 있는지 마치 게임하듯 자신과 싸워 나가다보면 점점 수월하게 일어날 수 있다.

필자는 남편과 같은 방을 쓰는데, 아침에 내가 먼저 일어나 남편이 깨기 전에 출근한다. 따라서 취침 전 대화는 소중한 소통 시간이다. 그래서 각방은 생각해본 적도 없거니와 남편도 원하지 않는다. 그러다 보니 기상 시간은 적지 않은 부담이 되었다. 나 때문에 남편까지 고생하게 하는 건 미안한 일이라는 생각이 들어서 나는 한때 알람 소리가 아니라 진동으로 일어나자고 마음먹었다. 그래서 팔에 차는 진동 알람시계를 사용하기에 이르렀다.

그런데 생각지도 못한 현실적 문제에 부딪혔다. 진동은 잠을 깨우는 효과는 뛰어났지만 금세 다시 잠들어버릴 소지가 다분하다는 단점이 있었던 것이다. 아니나 다를까, 같이 자던 남편에게 아무 피해도 주지 않는다고 안심하다가 어느

새 다시 잠들어버리는 일이 발생했다. 그래서 다시 알람시계를 사용하게 되었다. 당연히 때가 되면 알람이 시끄럽게 울어댄다. 그대로 두면 남편도 깰 판이니, 알람이 울리면 순간적으로 시계를 멈추고 그 자리에서 벌떡 일어나려 노력하게 되었다. 이런 식으로 남편에게 주는 피해를 최소한으로 줄일 수 있었다. 부담감을 마치 게임처럼 즐긴 것이다. 물론 처음에는 무척 어려웠다. 일단 알람을 끄고 나서 '30분만 더', '20분만 더' ……. 그렇게 매번 시곗바늘을 뒤로 돌리며 쪽잠을 맛보기를 며칠. 아침잠 방해를 묵묵히 견디던 남편이 드디어 폭발했다. "이제 그만 좀 하지? 내 입장도 좀 생각해달라고." 하지만 알람시계와 전쟁을 치르면서 확실히 한 번 일어났다가 다시 더 자버리는 일은 줄었다.

혼자 사는 사람이라면 이웃에도 다 들릴 만한 엄청난 음량의 알람시계를 사용하기를 권한다. 꼭두새벽부터 온 동네에 피해를 줄 수는 없다는 부담감을 좋은 쪽으로 활용할 수 있기 때문이다.

Tip 1 … 고기능 알람시계 'Sleep Tracker'

최근 애용하는 'Sleep Tracker' 라는 손목시계형 알람시계가 있다. 팔에 차고 자면 그 사람의 렘수면(얕은 잠)과 논렘수면(깊은 잠)의 리듬을 파악해서 설정한 시간과 가장 가까운 렘수면 상태일 때 깨워주는 똑똑한 알람이다. 이걸 쓰고 나서부터는 아침에 일어날 때마다 느끼던 고통이 줄어들고 훨씬 쉽게 눈을 뜨게 되었다. 내가 쓰는 제품은 'Sleep Tracker Pro'인데, 이 타입은 진동 기능도 있어서 가족이 알람 소리에 깨는 것을 원하지 않는 사람에게 환영받을 만하다. 또 관련 소프트웨어를 다운받으면 수면 데이터(렘수면과 논렘수면의 변화 과정)를 PC에 기록할 수도 있다. 단, Sleep Tracker는 수면 시간을 줄여주는 기계가 아니다.

누구나 수면 시간이 너무 짧거나 매우 깊은 숙면을 취할 때는 알람이 울려도 듣지 못하는 일이 다반사다. 절대로 지각하면 안 될 때는 일반 알람시계와 함께 사용하는 것이 좋다.

뜨거운 샤워로 산뜻하게 잠을 깬다

알람시계와의 게임으로 단숨에 자리를 박차고 일어난 나는 우선 기지개를 힘껏 펴고, 냉장고에 넣어둔 찬 물수건을 꺼내 목덜미에 갖다 댄다. 그러면 단박에 눈이 번쩍 뜨인다.

그러고 나서 곧바로 뜨끈한 물로 샤워한다. 전날 밤에 이미 샤워나 샴푸를 한 상태라면 재빨리 몸만 씻어내고 세수와 양치질 정도만 하면 된다. 여기까지 마치면 아침 전투 모드에 완벽하게 돌입한 것이다.

또 사람은 겨울철에도 자는 동안 1컵이나 되는 땀을 흘린다고 하니 샤워를 해서 땀을 씻어내면 아침부터 깨끗하고 기분 좋게 하루를 보낼 수 있을 것이다. 아침에 샤워를 해서 또 하나 좋은 점은 흐르는 물의 자극과 온도가 교감 신경의 활성화를 촉진한다는 것이다. 교감 신경이 활성화되면 일종의 흥분 작용이 일어나 의욕이 샘솟는다.

도쿄가스 도시생활연구소는 이 효과를 뒷받침할 만한 연구를 발표했다. 그 내용을 보면 아침 샤워는 '커피를 마시는 것보다 큰 각성 작용을 발휘한다'고 한다. 이런 발군의 효과는 일찍 일어나는 것을 습관화하는 데 큰 도움이 될 것이다.

Tip 2 … 각성에는 아로마도 효과 만점

좋은 향기는 사람을 행복하게 한다. 그래서 마음에 드는 향긋한 샴푸나 핸드크림을 사용하기만 해도 기분이 전환되는 효과를 얻을 수 있다. 아로마 오일에는 이러한 기분 전환

효과 외에도 컨디션을 회복시키는 것과 같은 약효도 있다고 한다. 아로마 교실을 운영하는 지인에게 '아침에 좋은 아로마'에 대해 배운 뒤로 나는 매일 아침 그레이프 후르츠(자몽) 향이 나는 아로마 오일을 몇 방울 떨어뜨려 향기를 맡는다. 그러면 산뜻한 향기에 기분이 상큼해지면서 잠이 달아난다. 그 지인의 말에 따르면 산뜻하면서 머리가 맑아지는 '로즈마리', '유칼리', '페퍼민트', '레몬' 향도 효과적이라고 한다.

단, 고혈압인 사람에게는 좋지 않다고 하니 신경이 쓰이는 분들은 그레이프 후르츠 향을 쓸 것을 권한다(참고로 로즈마리는 숙취 방지 효과도 있다고 해 필자도 앞으로 상비할 생각이다).

블로그를 통해 불특정 다수에게 일찍 일어나겠다고 선언하자

나는 블로그에 목표를 공개하면 꿈이 이루어진다고 생각한다. 그래서 와인 엑스퍼트 자격증 시험이나 치즈 전문가 시험을 준비할 때 블로그에 목표를 공개한 적이 있다. 블로그를 통해 가족이나 친구, 그 밖의 불특정 다수가 나를 바라보는 환경을 만들면 나중에 목표를 이루겠다는 약속을 안 지킬 수가 없기 때문이다.

이 방법으로 성공을 맛보고 나서 2009년에는 호놀룰루 마라톤 완주를 목표로 러닝 기록을 블로그에 올렸다. 이렇게 나 자신을 계속 몰아붙이면서 목표를 달성하지 않을 수 없는 상황, 달성하지 못하면 부끄러운 상황을 만들어 나의 행동을 긍정적으로 교정한다. 블로그에 공부가 진척되어가는 상황과 하루 일과 등을 게재하면서 나와의 작은 약속, 방문자와의 약속을 지켜가게 된다.

또 담담하게 공부 기록과 주행 기록을 적어두면 나중에 돌아볼 때 "이만큼 노력했으니 문제없어!" 하고 확고한 자신감을 가질 수도 있다. 그만큼 블로그가 중압감을 긍정적으로 전환시킬 수 있는 가장 손쉽고 가까운 도구라는 말이다. 이뿐만 아니라 블로그에 기록을 남기면 기억이 고스란히 보관되는 효과도 있다.

와인 엑스퍼트 자격증 시험을 준비할 때, 음미해본 와인을 사진으로 찍어서 기록했는데 '아, 얼마 전에 블로그에 적었던 와인이다!' 하는 식으로 기억이 다시 한 번 머릿속에 고정되는 느낌이 들었다. 아침 4시에 일어나는 것을 생활화하고 싶다면 이렇게 다른 사람들을 이용해라. 요즘은 다음과 같은 사이트도 있으므로 잘 활용하면 충분한 성과를 얻을 수 있을 것이다.

- 〈아침 시간.jp〉(http://www.asajikan.jp)의 '한 마디 아침 선언'

  회원 등록을 하고 나서 인터넷상에 매일 아침 선언을 할 수 있다. 공개 · 비공개 설정이 있는데 자신에게 부담감을 준다는 의미에서 공개 설정을 권한다.

- 〈생활 개선 응원 사이트 일찍 일어나는 생활〉 http://www.hayaoki-seikatsu.com/)

  무료 회원 등록을 하면 아침에 몇 시에 일어났는지를 그래프로 작성할 수 있다. 만들어진 그래프는 블로그에 첨부할 수 있다.

- 〈졸려블로그〉 (http://nemulog.jp)

  기상 시간뿐만 아니라 취침 시간까지 체크할 수 있어서 몸의 리듬을 파악할 수 있다. 휴대폰으로도 입력할 수 있어 편리하다.

일부러 '일을 남겨두면' 긴장감이 배가된다

자기 자신을 힘든 상황으로 몰고 가 머릿속 목표를 성취하는 방법도 있다. 아침에 일찍 일어나지 않으면 큰일이 날 만한 일을 남겨두라는 것이다. 외국계 컨설팅 회사를 다니던 시절, 퇴근 무렵에 갑자기 급한 업무가 생기면 필자는 되도록 이런 식으로 협상했다. "밤늦게 시간 끄는 것보다는 아침에 재빨리 처리하는 편이 질적으로 낫다고 봐요. 저는 아침형이라 출근 시간은 얼마든지 앞당길 수 있으니 아침에 하면 안 되겠습니까? 제시간에 퇴근하게 해주시면 대신 아침에 충분한 성과를 내겠습니다."

이렇게 아침에 할 일을 남겨두면 틀림없이 일찍 일어날 수 있다. 정확히 말하면 업무에 차질이 생길까 봐 걱정이 돼서 일어날 수밖에 없는 것이긴 하다. 또 아침 시간 안에 도저히 끝낼 수 없는 업무를 무턱대고 미뤘다가는 신용에 크나큰 흠집이 생길 수도 있으므로 아무 때나 쓸 수 있는 방법은 아니다. 하지만 때로는 긴장감을 가지고 일에 박차를 가하도록 일부러 할 일을 남겨두는 것도 매우 효과 있는 방법이다.

'아침에 할 일 목록'을 전날 미리 만들어둔다

앞서 소개한 네 번째 방법은 리스크가 커서 심장 건강에 좋지 않을 거라고 생각하는 사람들을 위해 다섯 번째 방법을 추천한다.

우선 오늘 할 일은 오늘 중에 끝내자. 그리고 '다음날 아침에 할 일 목록' 을 자기 전에 작성하자. 사람은 누구나 어중간한 상태를 싫어한다. 예를 들어 TV를 틀었을 때 내용이 시시하다 싶어도 CM이 끝날 때까지는 계속 지켜보게 된다. 어쨌든 거기가 일단락되는 순간이기 때문이다. 누구나 경험했음직한 이러한 기억과 습성을 이용해보라. 자세한 내용은 제3장 수첩 활용법에서 설명하겠지만, 우선 여기서 맛보기로 소개해자면 이렇다.

자기 전에 '내일 아침에 하겠다!' 라고 마음먹은 목록을 적어둔다. 일어나서 무엇을 하고 싶은지, 무엇 때문에 일찍 일어나야 하는지를 생각하면서 할 일을 하나씩 확인해 일람표를 작성하는 것이다. 그런 다음 '실행했다는 동그라미를 치겠다', '공란으로 비워둘 수는 없다' 라고 결심하라. 머릿속에 추상적이고 모호한 목표만 가득하면 '꼭 지금 일어나지 않아도 되는 이유' 만 자꾸 떠오르기 십상이다. 하지만 아침에 할 일을 전날 밤에 미리 적어두면 잠을 더 청하고 싶다가도 일어나야겠다는 의지가 발동한다. 그렇게 나 자신과의 약속을 지키고 나면 자기 자신에 대한 자신감이 싹틀 것이다.

휴일이라고 늦잠 자버리는 사태를 막으려면 빼도 박도 못할 일정을 만들어라

평일에 기를 쓰고 일찍 일어났으니 주말에는 늦잠을 자도 된다고 생각하는 이들이 있다. 가끔이라면 나쁠 것 없지만 늦잠도 습관이 되는지라 매번 늦게까지 자다보면 오히려 몸이 찌뿌듯 할 수 있다. 게다가 정오를 넘겨서 눈을 뜨면 모처럼의 휴일을 그냥 날려버린 것 같아 도리어 우울해지기까지 한다. 이런 사태를 막으려면 작정하고 주말 아침 댓바람부터 중요한 약속을 잡아놓을 것을 권한다. 지각을 하더라도 웃음으로 무마할 수 있는 일정이 아니라 지각하면 큰일이 나는 일정이 필요하다. 대단한 일정이 없더라도 방법은 있다.

예를 들면 헤어숍이나 치과처럼 사전 예약이 필요한 곳! 이런 곳은 먼저 예약한 손님의 사정으로 다음 사람의 차례가 앞뒤로 조금씩 조정되는 경우가 생기지만, 오픈하는 시각에 예약해두면 자신이 첫 손님이기 때문에 그 시간을 맞춰야만 한다. 그래서 나는 또 한 가지 장치로 단골 헤어 살롱에만 예약을 한다. 늦잠 잤다고 갑자기 예약을 취소하기는 민망하니까. 이뿐만 아니라 정말로 중요한 미팅이라면 집에서 한 시간 이상 걸리는 장소를 택한다. 이런 장치를 곳곳에 마련해 두면 금요일 밤에도 '부어라 마셔라' 할 일이 없다.

Tip 3 … 내 몸의 에너지 스위치를 켜라

누구나 아침의 기분 상태에 따라 하루가 좌우되었던 경험을 해보았을 것이다. 사람들은 대부분 구름 한 점 없이 맑은 하늘을 바라보고 지저귀는 새소리를 듣는 것만으로도 행복하다고 느낀다. 그런데 이 행복한 감정을 의도적으로 만들 수도 있다. 아침에 일어나서 제일 먼저 하는 일이 무엇인지 떠올려보자.

나는 눈을 뜨자마자 바로 업무를 시작하기 때문에 우선 PC부터 켠다. 즉 PC 화면이 일어나서 제일 먼저 들여다보는 장면이다. 그래서 나는 PC의 바탕 화면에 심리적으로 가장 좋은 자극을 주는 이미지를 깔아놓았다. "대길大吉" 이라고 쓰인 부적을 스캔해서 화면 한가운데에 띄워둔 것인데, 그 후로 컴퓨터 화면을 볼 때마다 "그래, 난 운수대통 할 여자야!" 라는 자신감이 샘솟는 것 같았다. 애완견 사진, 아들딸의 사진, 뭐든 상관없다. 자리에서 일어나 제일 먼저 눈길이 닿는 곳에 기분을 파워 업 시켜줄 무언가를 놓아두기만 해도 에너지가 끓어오를 것이다.

일찍 일어난 나에게 주는 상

1주일 내내 아침 4시에 기상하는 데 성공했다면 이번에는 목표를 달성한 자신에게 상을 줄 차례다. 고급스러운 스파에서 피부 관리를 받는다거나 맛난 와인을 마시는 등 그동안 미뤘던 사치를 부려보는 것도 좋다. 확실한 보상은 강력한 동기부여에도 도움이 되는 법이니까. 목표 성취도를 구체적인 그래프로 나타내는 것도 효과적이다. 이때 중요한 것은 절대 다른 사람이 아닌 바로 과거의 자신과 비교해야 한다는 것이다.

앞서 소개한 〈생활 개선 응원 사이트 일찍 일어나는 생활〉에서는 다른 사람들이 몇 시에 일어났는지에 대한 그래프도 소개된다. 그것을 보고 "저 사람은 4시에도 잘 일어나는데, 나는 왜 항상 6시가 한계일까?"라고 생각하는 것은 난센스nonsense다. 자신이 지금까지 몇 시에 일어났는지를 파악하고, 그보다 일찍 일어난 날이 하루라도 늘었는지에 관심을 집중하자.

초등학교 시절, 시험 점수가 좋을 때 선생님이 찍어주시는 '참 잘했어요' 도장을 보며 혼자 실실 웃어대던 기억이 있을 것이다. 아침에 일찍 일어나기 미션을 수행하는 데도 바로 그런 기분이 필요하다. 성공적으로 일어난 날은 수첩에 '참 잘했어요'와 같은 스티커를 붙이자. 누구나 인정을 받으면 자긍심을 느낀다. 수첩 가득 자기 자신을 인정해주는 스티커가 채워지면 얼마나 짜릿한가! 그 페이지만 들여다봐도 힘이 솟는다. 유치하다고 생각할지도 모르지만 그런 작은 것들이 모여서 자신의 성공 체험이 되는 것이다. 이밖에 효과적인 방법은 가족에게 칭찬받는 것이다. 흔히 사람들은 질타와 격려가 적절히 섞여야 효과적이라는 착각을 하지만 다 옛날 얘기다.

요즘 사람들은 칭찬을 해줘야 힘을 얻는다. 사람에 따라 차이는 있겠지만, 적어도 나는 칭찬을 받고 인정도 받고 싶다. 사실 나는 어릴 때부터 칭찬받는 데 익숙하지 않았다. 그래서 반사적으로 "그런 거 별 상관없어."라고 부정해왔다. 그러다 결혼을 하면서 바뀌었다. 남편은 아주 사소한 목표만 달성해도 좀 심하다 싶을 정도로 좋아해준다. 초기에 호언장

담을 해놓고 매일 4시 기상에 실패하는 모습을 보면서도 "그게 왜 안 돼?" 와 같은 초 치는 소리는 한 적이 없다. 일주일에 하루라도 성공하면 "정말 대단하다!" 고 칭찬해주었다. 그 덕분에 더 칭찬받고 싶은 마음이 발동했고, 결국 작은 성취감으로 이어지더니 큰 성과를 내기에 이르렀다. 속는 셈치고 오늘이라도 당장 가족에게 칭찬 좀 해달라고 부탁해보자. 처음에는 서로 쑥스럽겠지만, 마치 게임처럼 칭찬 횟수를 늘려나가다보면 점점 진심으로 서로 인정하게 되고 어느새 목표가 눈앞에 성큼 다가와 있을 것이다. 가족과 함께 살지 않는다면 메일이나 전화로 격려 받는 방법도 있다. 또는 친구에게 칭찬받을 수도 있다. 혼자서 애쓰려 하지 말고 주위 사람들의 입김을 현명하게 활용해보자.

Tip 4 ··· 가끔은 '달콤한 늦잠' 도 보약이다

한 고비를 넘을 때마다 '충분한 수면' 을 상으로 주는 방법도 있다. 예전에 와인 엑스퍼트와 치즈 전문가 같은 취미 자격증에 합격한 날이면 미친 듯이 기쁨을 만끽하고, 이튿날 머리가 아플 때까지 잠을 잤다. 그렇게 나 자신에게 상을 주고 나면 새로운 목표에 도전할 수 있는 모습으로 다시 태어난 것 같은 느낌이 들었다. '그래, 최선을 다해 노력했어. 내일은 푹 자자!' 라는 생각이 절로 들 정도로 알찬 나날을 꾸려왔다면, 아무리 아침 4시에 기상하는 습관이 몸에 붙고 있는 중이라 해도 눈 딱 감고 충분히 휴식할 필요가 있다. 인간은 성취감을 맛보고 싶어 하는 동물이다.

"그래, 잘했어. 장하다!" 라는 생각이 드는 시점이라고 판단되면 일단락을 짓는 느낌으로 잠시 휴식을 주자. 그러면 성취감과 휴식을 동시에 맛볼 수 있을 것이다. 인생을 빛나게 하는 것은 그런 융통성 아닌가?

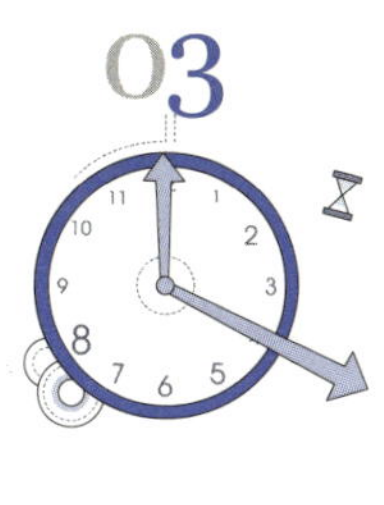

자신의 수면 패턴을 파악하자

6~8시간 수면이 누구에게나 좋은 것은 아니다

아침 4시 기상! 말만 들어도 멋지지 않은가? 하지만 꼭 4시에 일어나야 좋다는 것은 아니다. 이렇게 말하면 모순이라고 생각할지 모르지만 나는 절대로 반드시 '아침 4시 기상이 최고!' 라고 강조할 생각은 없다. 최적의 수면량은 사람의 생활 패턴, 체질, 컨디션, 성격 등에 따라 다르기 때문이다. 각자 자신에게 맞는 기상 스타일을 찾고 아침형 생활을 하도록 돕는 것이 이 책의 목적이다.

나도 아침 4시 기상을 생활화하기까지는 다양한 시행착오를 겪었다. 대학 입시 때는 밤 10시 취침, 아침 5시 반 기상, 즉 7시간 반을 잤다. 그러다 11시 취침, 5시 반 기상으로 바꿔 6시간 반 수면을 유지했고, 그 후 서서히 조정해 지금은 11시에 취침해서 4시에 기상하는 5시간 수면을 생활화하고 있다.

"난 항상 6시간은 잤으니까.", "적어도 6시간은 자야 한다고 TV에서도 얘기하니까."

이런 안이한 이유를 들면서 현재 수면 시간을 유지하고 있지는 않은가? 그 6시간이 정말 자신에게 가장 적합한 수면 시간일까? '일반적으로 그렇게 생각하니까 나도……' 라는 식으로 남들의 생각을 따라가는 이들이 많은 것이 사실이다. 항간에는 적어도 6시간 수면, 되도록 8시간 수면이 이상적이라는 설이 설득력을 얻고 있다. 하지만 이런 이야기는 일반론일 뿐, 모든 사람이 그만큼 자야 한다는 말은 아니다.

하루에 2,000kcal 이상 섭취해도 전혀 살이 찌지 않는 사람이 있는가 하면, 1,200kcal만 섭취해도 살찌는 사람이 있는 것과 마찬가지이다. 즉, 6시간에서 8시간 수면이 최적이라는 설이 자신에게도 과연 맞는 말인지 의심해볼 필요가 있다. 그러려면 자신에게 꼭 맞는 수면 리듬을 찾기 위해서라도 집중력이 유지되고 생산성이 오르는 타이트한 수면선을 검증할 필요가 있다. 이 검증 과정은 대개 2~3주가 소요되고, 2단계로 나누어 실행할 수 있다.

① 처음 1주일은 90분 단위로 수면 시간을 조절해보자. 이때 집중력이 가장 잘 유지되면서 정신이 몽롱해지지 않는 선을 찾는다.
② 그 다음 1주일은 자신의 세 가지 수면 시간(최소, 적정, 초과)을 설정한다.

먼저 첫 번째 단계를 살펴보자. 인간은 자는 동안에 렘수면(뇌는 움직여도 몸이 쉬고 있는 상태)과 논렘수면(뇌와 몸이 모두 쉬는 상태) 상태를 반복 경험한다. 렘수면 때 일어나면 기상 자체가 수월한데, 그 주기는 약 90분 단위로 찾아온다. 그래서 90분 단위로 수면 시간을 늘렸다 줄였다 하며 그날의 컨디션과 졸린 정도를 1주일 동안 검증해본다.

일반적으로는 4시간 반, 6시간, 7시간 반으로 나눈 세 가지 패턴을 이틀씩(나머지 하루는 컨디션과 상황에 따라 판단) 시도

해보는 것이 좋을 것이다. 단, 이 패턴은 실제로 잠이 든 시각부터 계산해서 90분 단위로 나눈 것이다. 자리에 눕자마자 바로 잠이 드는 사람이라면 별개의 이야기이지만, 그렇지 않은 사람은 누운 시각에 20~30분을 더한 시간, 즉 90분(3 또는 4, 5)+ α가 되는 시각에 기상을 시도하자. 수첩에는 '몇 시간 잤을 때 이런 느낌이었다.' 라고 기록해둔다. 그러면 '이때는 너무 졸려서 일이 손에 안 잡혔다.' 라거나 '이 정도 자고 나면 처음에는 졸리지만 컨디션은 좋았다.' 와 같이 자신의 몸 상태를 알 수 있을 것이다. 이런 식으로 일주일 동안 자신의 몸과 대화를 나누면서 과연 몇 시간 수면을 취하는 것이 자신에게 가장 좋은지를 찾는 것이다. 이렇게 찾아낸 시간이 적정 수면 시간이다.

최저 수면선 = 다음날 약간 졸려도 컨디션은 좋은 선

적정 수면선 = 첫 번째 과정을 통해 검증된 선

초과 수면선 = 너무 자서 머리가 멍한 선

이 선들을 알고 나면 스스로 자신의 기상 시간을 통제할 수 있게 된다. 예를 들면 이런 식이다.

• 회식으로 평소보다 늦게 귀가했지만, 최저 수면선만 지키면 어떻게든 집중력을 유지할 수 있으니까 오늘은 ○시간 자자.
• 오늘은 피곤한 데다 내일 여유가 있으니까 적정 수면선에서 초과 수면선 사이에 일어나면 되겠다.

참고로, 오랜 시간 조정해본 결과 잠자리에 들자마자 바로 잠이 드는 나의 최저 수면선은 4시간, 적정 수면선은 5시간, 초과 수면선은 8시간이었다. 그래서 필자는 밤 11시에 자고 4시에 일어나는 생활을 한다. 회식 등으로 평소보다 귀가가 늦어질 때는 그만큼 취침 시간도 늦어지지만, 4~5시간 정도 수면을 취하고 다음날 일정에 맞춰 일어나면 적정 수면 시간이 지켜져 아무 문제가 없다. 하지만 이런 적정 수면선은 집중력을 유지하면서 졸리지도 않은 '한계선' 이기 때문에 너무 피곤한 날이나 별다른 일정이 없는 휴일에는 5~8시간 정도 자기도 한다.

04

실패!' 라는 생각이 들 때는 어떻게 하나?

아침 4시에 못 일어나더라도 6시 전에는 일어나라

"아~ 오늘도 늦잠을 자버렸잖아……. 난 정말 의지박약인가 봐." 자기 전에 그렇게 굳게 결심을 하고도 아침에 일어나지 못한다면 누구나 낙담하게 마련이다. 하지만 그럴 때는 생각을 살짝 바꿔보자.

아침 4시에 일어나기로 생각하고도 예를 들어 '10분만 더…….'를 10번이나 반복했다고 치자. 그래도 시간은 아직 5시 40분. 절대로 늦은 것이 아니다! "난 아침에 살짝이라도 조는 게 좋아. 내 사전에 '조금만 더' 라고 하는 재미가 없는 생활이란 상상할 수 없어." 이런 사람도 일단 4시에 시계를 맞춰두면 이불 속에서 '10분만 더' 를 열심히 외쳐도 6시 전에는 일어날 수 있다.

매일 7시나 8시에 일어나는 사람이 6시 이전에 일어났을 때 느끼는 그 뿌듯함이란 이루 말할 수 없다. 그러니 속는 셈 치고 4시 기상에 도전해보자. 가장 중요한 것은 일찍 일어나는 데 실패하더라도 자책하지 않는 것이다. 노력한 결과 일찍 일어나는 데 성공하면, 하루가 훨씬 길게 느껴지면서 뭔가 득을 본 듯한 기분이 들 것이다.

새로운 목표에 도전할 때는 가슴이 두근거리는 법! 무언가 얻는 것이 있을 거라는 기대만으로도 해볼 가치가 있지 않을까? 처음에는 행동이 따라주지 않더라도 크게 상관하지 말자. 목표를 향해 노력하는 동안에는 자신의 결심과 행동이 일치하지 않는다는 사실에 화가 날 것이다. 하지만 그런 불쾌한 감정을 '벌충하려는' 생각이 들면서 한 발 한 발 앞으로 나아가는 것이다. "지속하지도 못 할 거 관두자. → 다시 시작하자. → 포기하자. → ……." 이런 반복에서 벗어나는 비결은 '절대로 기죽지 않는 것' 이다.

술을 마셔도 걱정이 없다

필자는 취미가 술 마시는 것이라고 할 만큼 술을 좋아한다. 어린 시절, 아버지의 전근이 잦았던 탓에 항상 새롭게 친구를 사귀어야 한다는 압박감이 있었다.

그러다 어른이 되고 나서 술자리의 편한 분위기를 통해 자연스럽게 마음을 여는 방법을 알게 되었다. 그래서 술자리가 있다고 하면 가능한 한 빠지지 않으려고 한다. 그런데 술자리를 좋아한다고 말하면 사람들은 대개 술 좋아하는 사람이 일찍 일어난다니 거짓말하는 거 아니냐, 정말 그 시간에 일어나는 게 맞느냐며 의심스러운 눈초리를 보내기 일쑤다. 사실, 나도 너무 늦게까지 술을 마신 다음날은 정확히 아침 4시에 일어나지 않는다. 아침 4시 기상은 목적이 아니라 어디까지나 수단이기 때문이다. 술 마신 다음날, 비실거리면서도 굳이 4시에 일어나 그날 일에 지장을 준다면 사회인으로서 실격이다. 주객이 전도된 상황이랄까? 그래서 필요할 때는 4시 기상을 5시 반으로 바꾸고, 주말이라면 7시 기상으로 바꾸는 등 유연하게 대응한다. 이것이 4시 기상을 오래 지속할 수 있는 비결이다.

그럼 술자리가 있을 때 구체적으로 어떻게 조절할까? 앞서 말한 대로 나의 최저 수면선은 4시간이기 때문에 적어도 4시간은 사수하려고 하지만, 이 밖에도 주의할 점이 세 가지 더 있다.

① 술을 마시면서 차나 물 등 수분을 함께 섭취한다.

최근 센스 있는 일본 술 전문점에서는 술과 함께 같은 양의 물을 내준다. 술을 한 잔 마실 때마다 물도 똑같이 한 잔씩 마시면 고약하게 취할 일도 없고 술 때문에 판단력이 흐려지지도 않아 즐겁게 마실 수 있다. 게다가 다음날 숙취도 남지 않아서 일찍 일어나도 전혀 무리가 없다.

② 술자리는 일찍 시작해서 일찍 끝나도록 아이디어를 낸다.

술자리는 일찌감치 시작해서 늦지 않게 끝내도록 한다. 그러려면 자신이 직접 자리를 주최하는 것이 좋다. 자리가 일찍 열리면 그만큼 파하는 시간도 이르기 때문에 다음날 아침 스케줄에 차질을 빚지 않는다. 또 자리를 일찍 시작하려면 그날 일도 빨리 끝내야 한다.

그러므로 그에 관한 조절도 아침 일찍 일어나서 미리 생각해두도록 한다. 그러면 술자리를 새벽까지 질질 끄는 일이

거의 없다. '마실 때는 마시되 상황 조절에 신경 쓰면서 마신다.' 라는 원칙을 세워두면 자연스럽게 긴장감이 조성된다.

③ 되도록 코스 요리를 주문하고, 내키지 않는 2차는 참석하지 않는다.

일찍 자리를 파하기 위한 또 하나의 비결은 코스 요리를 주문하는 것이다. 일품요리를 따로따로 주문하면 끝없이 계속 주문할 수 있지만, 코스로 주문하면 기본적으로 2시간 안에 모든 요리를 맛보고 끝낼 수 있다. 요리가 다 나오고 접시가 비워지면 분위기는 자연스럽게 마무리된다. 그 상황에서 자리를 질질 끄는 것은 보기에 흉할 뿐더러 가게에도 미안한 일이기 때문이다.

이렇게 술자리를 파하는 시간을 조절할 수만 있다면 수면 시간을 손해 볼 걱정은 하지 않아도 된다. 또 코스 요리를 시키면 요리의 가짓수가 많아서 배도 적당히 부르고 만족감도 느낄 수 있다. 그래서 '섭섭하면 2차 가자!' 라는 말이 잘 나오지 않는다.

프랑스나 이탈리아 코스 요리는 가격이 상당히 비싸지만, 굳이 2차를 가서 먹지도 않는 음식을 시켜놓고 시간이나 낭비하는 것보다는 훨씬 낫기 때문에 결국은 이득이다.

흔히 받는 질문 하나를 소개한다. "5시간이 당신의 적정 수면선이란 건 알겠는데, 취침 시각과 기상 시각이 일정하지 않으면 몸이 못 견디지 않아요? 어느 날은 밤 11시에 자서 4시에 일어나고, 또 어느 날은 밤 2시에 자서 아침 7시에 일어나고……. 그래서는 컨디션이 엉망이 될 텐데?"라고 의문을 갖는다. 하지만 자신의 수면선을 정확하게 파악하고 있다면 아무 문제없다. 몇 시간을 자야 하는지 그것만 알고 있으면 일정이 약간 바뀐다 해도 궤도 수정이 쉽기 때문이다.

잠이 오지 않을 때 활용할 만한 5대 원칙

일찍 일어나는 습관을 익히면 누구나 깊은 잠을 잘 수 있다. 밤만 되면 졸음이 몰려오기 때문이다. 필자는 침대에 누운 지 10분쯤 지나면 여지없이 깊은 잠에 빠져들어서 잠이 안 와 고생한 적은 없다. 몇 가지 포인트만 잘 지키고 습관을 들이면, 이불을 덮어도 눈이 말똥말똥하다는 고민 따위는 금세 떨쳐버리게 될 것이다. 하지만 아침형으로 넘어가는 단계이거나 밤늦게까지 정력적으로 일하고 나서 아직 긴장이 풀리지 않은 상태라면 잠을 쉽게 이루지 못할 수도 있다. 그럴 때는 바로 다음의 방법들을 활용해 보자.

- 브랜디밀크Brandy milk, 핫위스키Hot whiskey, 뱅쇼Vin chaud 같은 따뜻한 칵테일이나 따끈한 청주를 마신다. 술을 못하는 사람은 끝물차(9월경에 딴 질이 낮은 찻잎으로 끓인 차 - 역주)를 마신다.
- 출근길의 차 안에서는 졸아도 상관없지만 퇴근길에는 절대로 졸지 않는다.
- 자기 전에 가벼운 스트레칭을 한다.
- '수면 동지' 를 만든다.
- 이 정도 불면증으로 죽는 사람은 없다고 쿨하게 생각한다.

▶따끈한 알코올은 편안한 잠을 부른다

나는 술을 좋아하는지라 잠이 안 올 때는 자주 술의 힘을 빌린다. 술은 사람을 흥분시킬 뿐만 아니라 다음날 기상을 더 힘들게 한다는 설도 있지만, 그건 엄청나게 과음을 했을 때의 얘기다. 내 경험에 비춰보면 자기 전에 가볍게 한잔 하고 나면 스르륵 졸리기 시작하면서 아주 편안한 잠으로 빠져든다.

따끈하게 데운 청주는 우리의 주식인 쌀로 만든 술이다. 증류주가 아니기 때문에 알코올 도수도 소주보다 낮아서 다른 술보다 몸에 부담이 덜한 것 같다. 또 쌀로만 빚은 술은 제조 좌정에서 양조용 알코올을 첨가하지 않기 때문인지 찌르는 듯 자극적인 알코올 냄새도 적다. 핫브랜디는 따뜻한 우유나 두유에 브랜디를 적당량 섞은 것이다. 술을 좋아하는 사람은 브랜디 대신 카시스 리큐르나 깔루아(커피 리큐르)를 넣어도 맛있다(단, 깔루아는 카페인이 들어 있으니 자제하는 편이 좋을 듯). 핫위스키는 위스키를 따뜻한 물로 희석하고 레몬즙을 넣은 것인데, 취향에 따라 설탕을 넣어 마신다. 그리고 핫와인은 레드 와인에 오렌지를 썰어 넣고 시나몬, 클 로브 같은 향신료를 첨가해 끓이다가 취향에 따라 설탕을 넣은 것이다. 취침 전 음주에도 포인트가 있다. 바로 따뜻하게 데워서 마시는 것이다. 차가운 술은 위를 놀라게 해 오히려 잠이 달아나게 한다.

술 외에 나는 끝물차라는 것을 자주 마신다. 그중에서도 가을에 딴 딱딱한 찻잎을 한 3년 묵혔다가 센 불에 오래 볶은 것을 좋아한다. 주전자에 찻잎을 세 스푼 정도 넣고 10분 정도 우려서 걸러 마시면 숙성된 차이기 때문에 카페인 같은 자극성이 적고 부드러운 맛이 나서 좋다. 그래서 마음을 안정시키는 효과가 있는 것 같다. 술을 못 마시는 사람에게 강력 추천한다.

▶ 출근길에는 졸아도 퇴근길에는 정신을 차린다.

매일 아침 일찍 일어나는데도 저녁에 금방 잠이 들지 않아 고생이라는 지인이 있었다. 최근에 이 지인이 해결책을 찾았는데, 바로 퇴근길에 졸지 않으려고 필사적으로 노력하는 것이라고 했다. 지하철이나 버스의 흔들림은 졸음을 부르는 마력이 있는 것 같다. 종일 일하느라 지친 몸을 이끌고 집으로 돌아가는 길, 마침 앞에 앉은 사람이 내릴 차비를 한다. 그때 '오호, 이게 웬 떡? 잠깐 앉아서 졸까?' 하는 유혹이 밀려오더라도 조금만 참자. 왜냐? 이 고비를 넘기지 못하고 졸면 그만큼 머리가 맑아질 가능성이 있기 때문이다. 유혹에 넘어가지 말고, 수면은 집에서 잠자리에 들 때까지 미루는 인내심을 발휘하자.

▶ 자기 전에 가벼운 스트레칭을 한다

저녁에 잠이 금방 들지 않는다는 지인의 또 다른 수면 비결은 취침 전 스트레칭이라고 한다. 침대 위에서 편안하게 자리를 잡고 그날 하루 업무로 근육이 뭉친 부위를 천천히 풀어주는 것이다. 그러면 몸에서 열이 나면서 따뜻해져 숙면을 취하기 쉽다고 한다. 게다가 몸을 움직이는 것은 스트레스를 해소하는 데도 좋다.

▶ '수면 동지'를 만든다

필자는 '아침 9시 전에 비즈니스의 기초 체력을 단련하자'라는 구호를 내세우는 'Before 9 프로젝트'라는 모임을 운영하고 있다. 이 프로젝트를 만들 당시, 아침 시간을 활용하고 싶어 하는 사람들과 함께 한창 열을 올리며 이야기한 끝에 한 가지 방법을 찾아냈다. '다 같이 정해진 시간에 잠들 수 있게 서로 메일이나 메신저로 굿 나이트 메시지를 보내주는 건 어떨까?'라는 아이디어였다. 즉, '빨리 자기 모임'을 만들어서 빨리 잠드는 노하우를 공유하는 것이다. 자세한 설명은 나중에 할 것이고, 나는 앞으로도 이 모임을 열심히 활용할 작정이다.

▶ 일찍 자야겠다는 부담을 떨친다.

마지막 포인트는 억지로 잠을 자려고 애쓰지 않는 것이다. '이제부터는 수면 시간이 짧아지니까 조금이라도 더 일찍 자야 해!' 라는 생각을 하면 할수록 오히려 눈이 말똥말똥해진다. 따라서 잠이 안 올 때는 차라리 '그래, 이때가 기회다!' 라고 생각하고, 이제까지 생각해보지 않았던 온갖 상상을 해보는 등 머리를 부담감에서 해방시키자.

『단시간 숙면법』이라는 책으로 유명한 작가 후지모토 겐코藤本憲幸는 이렇게 말했다. "잠이 오지 않으면 절호의 찬스라고 생각한다. 그 시간을 활용해 낮에 생각하지 못했던 것을 천천히 정리해보거나 바쁘다는 이유로 평소에 못해본 상념에 잠긴다."(『머리 좋은 사람들의 짧고 깊은 수면법』 중에서)

고민을 하든 즐기든 어차피 시간은 흘러간다. 그렇다면 당연히 긍정적으로 활용하는 것이 이익이다. 하루 잠 좀 못 잔다고 큰일이 나는 것도 아니지 않은가? 잠이 오지 않는 날은 무리하지 말고 편안하게 즐겨라. 그것도 나름 즐거운 일이다.

| 번외편 1 |

아침에 모여라

일찍 일어나려고 몇 번이나 시도했지만 번번이 실패! 이런 사람들은 아침 동지를 만들면 좋다. 아이디어를 내서 '아침 식사 모임'을 만들거나 여러 단체가 주최하는 아침 모임에 참가하는 것도 효과적이다. 필자는 종종 호텔 레스토랑에서 아침 7시 조찬 모임을 만들어 사람들을 만난다. 아침부터 호텔 뷔페를 이용해 미팅을 하면 왠지 고급스럽고 멋진 느낌이 든다. 그래서 그런 날은 이유 없이 에너지가 넘쳐흐르고 평소에는 잘 떠오르지 않던 아이디어도 펑펑 솟아나는 기분이다. 억수 같이 비가 쏟아지던 어느 날 아침에도 약속이 있었다. 혼자 갈 작정이었다면 맥이 빠졌겠지만, 약속이기 때문에 일종의 의무감 같은 강제력이 작용해 불평 없이 움직일 수 있었다. 그런데 그 기분은 나만 느낀 게 아니었나보다. 상대에게서 "일찍 일어나고 싶으면 일찍 일어날 동지를 만들면 되겠어요!"라는 말을 들었으니까. 아울러 외부 주최 아침 모임에 참석할 것도 권한다. 나는 주로 다음과 같은 모임에 참석한다. 참고가 되었으면 한다.

• Tokyo 〈Early Bird〉

글로벌 태스크포스 주최. 비즈니스 리더 후보들을 위해 매달 첫 번째 금요일에 아침 7시 반부터 도쿄에서 스터디를 한다. 연사의 짧은 강연을 듣고 나서 아침 식사를 하며 교류하는 모임.

• 쓰키지築地 조식회

주로 비즈니스 서적 저자를 초대해 아침 7시부터 쓰키지에서 초밥을 먹으며 이야기를 듣는 모임. 소수 정원이 저자와 직접 다양한 이야기를 나눌 수 있다.

• 문방구 조식회

한 달에 한 번 이상 휴일 아침을 이용하여 마음에 드는 문방구를 지참하고 모여 그 사용법에 대해 이야기를 나누는 모임. 장소는 도쿄, 지바 현 등 주제에 따라 다름. 비즈니스 현장에서 꼭 필요한 문방구에 대해 평소 업무에 도움이 되는 아이디어를 교환할 수 있다.

참고로 내가 직접 주최하는 모임도 소개한다.

• Before 9 프로젝트

'아침 9시 전에 비즈니스의 기초 체력을 단련하자' 는 구호 아래 평일 아침 7시~8시 반에 도쿄 역 근처 회의실에 모여 모임 진행. 파워포인트 자료 작성법, 비즈니스 분야의 저명 인사 및 저자를 초빙한 스터디 등을 개최. 거주 지역이 멀어 평일 아침에 모이기 어려운 사람들을 위해 휴일 오전 9시에 시작하는 세미나, 가벼운 반주를 곁들인 점심 식사 겸 간담회인 'After 9'도 몇 달에 한 번씩 개최.

• 조조 미식가 모임

'새벽 기상+맛있는 요리+훌륭한 서비스'를 함께 즐기고 싶은 이들을 대상으로 매달 한 번 아침 7시~8시 반에 10명 정도가 모여 고급 호텔 레스토랑에서 조찬 모임을 개최. 책을 지참해서 스터디도 진행한다. 저녁 시간에 수만 엔이나 하는 고급 호텔 서비스를 아침에는 수천 엔만 내면 이용할 수 있다.

참가자들이 이구동성으로 이야기하는 것이 "아침에 모이면 하루가 길다!", "하루를 의미 있게 보낼 수 있다!"라는 소감이었다. 아침 7시부터 모여 담소를 나누고 토론도 하다보면, 머리가 맑은 시간대라서 그런지 논의도 점점 탄력을 받는다. 끝나는 시각도 8시 반이니, 9시부터 고객과 약속이 있다고 해도 시간 여유는 충분하다. 혼자서 애쓰다보면 좌절할 수 있지만 이렇게 동지를 만들어두면 서로 도움이 된다. 잊지 말고 참고하자.

| 번외편 2 |

PC 툴을 이용해 자신을 채찍질하라

'즐일! 즐겁게 일하기 위한 연구 일지(http://cyblog.jp/)' 라는 모임을 주재하는 오오하시 에쓰오大橋悅夫 씨는 다양한 도구를 활용한 시간 관리법 연구로도 유명하다. 특히 PC 툴을 사용해 자신을 채찍질하는 방법과 이를 통해 일찍 잠드는 비결에 대해 여러 가지 아이디어를 제공한다. 그중 추천할 만한 툴 하나. 'Sticky(http://www.zhornsoftware.co.uk/stickies/)' 라는 것인데, PC상에 포스트잇을 붙여둘 수 있다. 예를 들어, 이 소프트웨어가 취침 시간 15분 전에 작동되도록 설정해놓으면 정해진 시각이 되었을 때 PC 화면에 포스트잇이 나타난다. 인터넷에 몰두해 깜빡 취침 시간을 놓칠 상황에서도 재깍재깍 잠자리에 들 시간을 알려주는 고마운 컴퓨터 방해꾼이다. 이 밖에도 오오하시 씨는 '아침 전용! 모닝 카운트다운' 이라는 상품도 애용한다고 한다. 출발 시간까지 얼마나 남았는지 역으로 계산해서 "1시간 남았습니다."라고 음성으로 알려주는 아침 전용 시계이다. 아침 전용이라고는 하지만, 예를 들어 밤 11시에 자고 싶을 때 밤 10시부터 시간을 카운트다운하면 게임을 즐기듯 취침 준비를 할 수 있다고 하니 구미가 당기지 않는가?

Chapter 2

그런데 나는 왜 나 자신에게 '아침 4시 기상'이라는 숙제를 내준 것일까? 그 사정은 'IQ'에 관한 트라우마를 언급하지 않고는 설명할 수가 없다. 중학교 2학년이던 어느 날, 담임선생님이 반 아이들이 모두 있는 앞에서 이런 말씀을 하셨다. "얘들아, 지에는 IQ가 낮아. 이렇게 IQ가 낮은 지에도 성적이 좋은데 너희는 지금 뭐 하는 거니?" 그 말씀을 들은 이후 나는 계속 꽁해 있었다. 사실, 'IQ=명석한 머리'라는 공식은 오해라고 한다. IQ란 주위 환경 등의 이유로 바뀌는 것이기 때문에 IQ가 높고 낮은 것으로 학교 성적을 판단하는 것은 말도 안 된다. 하지만 담임선생님이 "IQ가 낮다."고 공식적으로 선언한 14살 소녀는 그런 데까지 신경 쓸 여유가 없었다. 가슴 깊이 상처를 입은 나는 "머리가 나쁘니까 남보다 2배는 노력하자!"라고 굳게 마음먹었다. 하지만 그런 긍정적인 자세가 매일 유지되는 것은 아니었다. 어떤 날은 전혀 딴판으로 나 자신을 깎아내렸다. "아무리 발버둥을 쳐봤자 어차피 IQ 때문에 안 될 텐데, 뭐. 관두자." 이렇게 무조건 IQ 탓으로 돌리면서 자신을 내팽개치다가 그런 식으로 망가지는 내 모습이 싫어 또다시 좌절하기도 했다. 솔직히 나는 그런 생활이 싫었다. 그래서 "하면 된다!"는 것을 보여주려고 이른바 일류라고 불리는 대학을 목표로 삼았는지도 모르겠다. 하지만 보기 좋게 낙방. 나의 '아침 4시 기상 도전기'는 그렇게 시작되었다.

일찍 일어나기로 마음먹은 최초의 이유

01

일찍 일어나게 된 계기
- 좌절에서 벗어날 테야!

두 번의 입시 실패

나는 대학 입시에서 두 번의 고배를 마셨다. 현역으로 한 번 실패한 후 스스로 물러날 길을 차단하기 위해 아예 상경해서 기숙 학원에 들어갔다. 그곳은 식사에서 청소까지 모두 해결되는 말 그대로 공부에만 집중하면 되는 환경이었다. 하지만 그런 곳에서 1년 동안 재수 생활을 했음에도 또다시 1차 지망 대학에 떨어지고 말았다.

실망감을 안고 들어간 곳이 2차로 지원한 모 여자대학이었다. 아버지는 평범한 지방 공무원, 어머니는 파트타임으로 일하는 주부이셨기에 차마 삼수를 하겠다는 말은 할 수가 없었다. 시험에 떨어진 걸 후회해도 이미 소용없는 일이었다. 이렇게 된 거, 여대에서의 생활이라도 최선을 다해 즐기자고 마음먹었다. 하지만 내 마음까지 속일 수는 없었다. 아무리 애를 써도 그 여대의 분위기에 적응할 수가 없었다.

내가 다닌 곳은 지역에서는 명문으로 꼽히는 유명 여대로, 귀한 집 '아가씨' 들이 다니는 학교였다. 내가 보기에 그들은 제대로 자란 '아가씨' 들이 아니라 그저 팔자 좋은 '온실 속 화초' 에 불과했다.

'노블레스 오블리주' 라는 말이 있다. '고귀한 의무' 라는 의미의 프랑스어다. 고귀한 집안에서 자란 사람들은 유복한 만큼 일반 시민들보다 많은 사회적 의무를 진다는 뜻이다. 그런 이념에 따라 명망 높은 사람들이 자연스럽게 봉사 활동 등 사회 활동에 적극적으로 참여하며, 자신과 다른 입장의 상대에게 풍부한 배려심을 발휘한다.

물론 내가 다닌 여대에도 '노블레스 오블리주' 를 실천하는 학생이 있었겠지만, 내 주위에 있던 '온실 속 화초' 들은 '노블레스 오블리주' 와는 거리가 먼 사람들이었다. 그들은 자신과 생활수준이 맞지 않는 사람, 가치관이 다른 사람은 이질적이라고 판단하고 배제했다. 부모나 남자친구 모두 자기 뜻대로 움직여주기 때문에 위기의식이나 자립심이 전혀 없고, 대화도 표면적으로 흐르기 일쑤였다. 대화 내용은 주로 아버지와 남자친구 또는 자신이 가진 것에 대한 자랑, 아니면 미팅한 상대의 경제력이 어느 수준이었는지 하는 정도였다. 친구끼리도 표면적으로는 사이가 좋아 보였지만 알고 보면 앙숙이라 날마다 서로 뒷담화를 늘어놓는 데 열을 올렸다.

나는 그런 환경에 도저히 익숙해지지가 않았다. 그들은 지금의 풍족한 생활이 영원히 지속될 것으로 믿었고, 그 환경을 자기 힘으로 만들었다는 착각 속에서 살고 있었다. 그러나 실제로는 타인에게 자신의 인생을 통째로 떠맡기고 있다는 사실을 정작 본인들은 깨닫지 못했다.

세상일이란 언제 어떤 일이 일어날지 모르는 법이다. 지금은 부친의 사업이 잘 풀리고 있을지 모른다. 남자친구가 부자라서 뭐든지 사줄 수 있는 상황일 수도 있다. 하지만 갑자기 상황이 변해서 기댈 곳이 없어지고 빈털터리가 된다면 그들은 어떻게 살아갈까? 타인에게 인생을 휘둘리게 될 위험을 안고도 그것을 깨닫지 못하는 그들 무리와 좀처럼 거리감이 줄어들지 않았다. 게다가 그 '온실 속 화초' 들이 정말 싫어진 결정적 사건이 있었다. 제일 사이가 좋았고 무엇이든 상담하던 친구가 내 복장이나 사투리에 대해 험담을 하고 다닌다는 얘기를 다른 친구에게서 들은 것이다. 성격을 이유로 험담하는 것이라면 몰라도, 내 부모님이나 출신지까지 모욕하는 이야기였다.

시골 출신의 어수룩한 나와 친하게 지내면서도 단지 겉모습만 보고 집안을 판단하고 속으로는 멍청이 취급을 한 것이었다. 그런 일이 있고 나서 나는 "부모의 지위나 재력만으로 자신을 필요 이상으로 과시하는 부류에게는 절대로 지지 않을 거야! 사는 곳, 갖고 있는 것, 부모의 위세에 기대지 않고 스스로 자신의 인생을 헤쳐 나가겠어!" 라고 굳게 결심했다. 그러기 위해서는 한시라도 빨리 그 여대를 떠나야겠다고 생각한 나는 휴학하고 다른 대학에 들어가겠다고 마음을 먹었다.

부모님에게는 편지를 써서 내 생각을 전했다. 경제적으로 어려운 상황이었지만, 부모님은 허리띠를 졸라매서라도 나를 지원해주시겠노라고 말씀하셨다.

지금도 당시의 일을 떠올리면 눈시울이 뜨거워진다. 그런

데 그런 결심이 섰을 때는 이미 9월. 다른 대학에 들어가기까지 나에게 남은 시간은 고작 5개월 정도밖에 없었다. 그 시간 동안 효율적으로 공부해서 자립심이 있는 친구들과 절차탁마切磋琢磨할 수 있는 대학에 들어가려면 어떻게 해야 할지 구체적으로 고민해야 했다.

사실 나는 현역 시절부터 재수할 때까지, 내 입으로 밝히긴 쑥스럽지만 아주 멍청한 공부벌레였다. "IQ가 낮기 때문에 그만큼 다른 사람이 놀 때도 공부하면 차이를 줄일 수 있다."는 생각으로 필사적으로 밤늦게까지 공부했다. 아니, 장시간 공부를 하는 '척' 했다고 말하는 것이 정확할지도 모르겠다.

사실 공부란, 시간만 들인다고 좋은 성과를 얻을 수 있는 것이 아니다. 일단 오랜 시간 책상 앞에 앉아 있기는 했지만 늘 잠이 부족해서 나도 모르게 책상에 엎어져 잠드는 일이 다반사였다. 또 그러고 나면 숙면을 취하지 못한 탓에 수업 중에도 졸게 되고 집중력은 바닥을 기었다. 결국 기분 전환을 하러 가거나 과자라도 사 먹는 일이 반복되었고, 공부는 오래 해도 성적은 오르지 않는 악순환이 계속되었다.

그런 방식으로 다시 공부해서는 반년도 안 남은 기간에 도저히 합격할 수가 없었다. 그래서 어떻게 해야 할지 고심한 끝에, 밤늦게까지 공부를 질질 끌지 말고 일찍 자고 일찍 일어나서 '아침에 공부하자' 고 생각하기에 이르렀다. 이것이 새벽 기상을 시작한 계기이다.

생활 패턴을 아침형으로 바꾸다

그래서 다음과 같은 생활 패턴을 실천하기 시작했다.

- 10시 취침
- 5시 30분 기상
- 6시에 집을 나서서 학원 자습실로 직행
- 자리를 확보하고 오후 5시경까지 오로지 공부
- 매주 2시간 정도는 엄선한 수업에 특히 집중
- 5시 이후에는 공부 중단
- 밤에는 좋아하는 요리를 만들거나 TV를 보면서 편안한 시간 즐기기

혼자 자취를 하면서 집안일도 해결하고 전철로 이동해야

했기 때문에 실질적인 공부 시간은 고교 시절이나 재수 시절과 비교하면 아주 짧았다. 그뿐만 아니라 시험까지는 5개월 정도밖에 없었다. 심적으로 초조할 만한 상황이었지만, 공부 시간만큼은 더할 수 없이 충실하게 채웠다. 거기에는 다음과 같은 이유가 있었다.

- 이른 아침에는 전철이 비어 있어서 100% 앉을 수 있다
- 차창으로 들어오는 아침 해를 보면 에너지가 불쑥불쑥 솟는다
- 아침에는 학원 자습실도 텅 비어 있기 때문에 앉고 싶은 자리를 확실히 차지할 수 있다
- 학원 라이벌들에게 '얘는 뭔가 다르다' 라는 위압감을 줄 수 있다(망상일 수도…….)
- 규칙적인 생활으로 정확히 아침, 점심, 저녁 시간에 배가 고파진다. 왕성한 식욕 덕분에 에너지도 충만, 변비도 해소!
- '오늘도 일찍 일어났다! 나 참 대단하다!' 라고 나 자신을 긍정적으로 생각할 수 있다

이러한 만족감은 고등학교 때나 재수 시절에도 맛본 적이 없었다. 저녁 식사를 마치고 나면 자유 시간이다. 종일 계속

하던 공부를 큰맘 먹고 중단해보면, 생활에 리듬감이 생긴다. 그 덕분인지 고독한 자취 생활을 하는 재수생임에도 비장한 느낌 같은 것은 없었다. 이런 아침형 생활 패턴을 이어간 결과, 영광스럽게도 게이오 대학慶應義塾大學 종합정책학부에 합격했다. 그리고 "일찍 일어난 효과가 이렇게 크구나!"라는 것을 톡톡히 실감할 수 있었다.

아침 시간을 활용해서 제일 좋았던 것은 '마감 의식'과 '긍정의 힘'이 생긴다는 것이었다. 아침부터 낮 동안 집중해서 공부하는 만큼 밤에는 일체 공부에서 손을 떼겠다고 마음먹었기 때문에 한정된 시간 동안 필사적으로 공부할 수 있었다. 데드라인이 있기에 비로소 시간 관리를 제대로 할 수 있게 된 것이었다.

또 매일 '결심한 시각에 일어났다'라는 자신감과 계획대로 공부를 마쳤다는 성취감이 '나도 할 수 있다'라는 긍정적인 자세로 이어져 공부의 성과도 오른 것 아닐까? 일찍 일어나기 전에는 밤 시간을 주로 이용했다. 그때는 왠지 시간이 영원토록 계속 이어질 것만 같은 기분이 들어 긴장이 풀리기도 했다.

클라이맥스가 없는 노래를 끝없이 듣다보면 졸리기 마련.

클라이맥스가 있어야 긴장감 있는 노래가 완성되듯이 공부도 마찬가지다. 게다가 밤에 깨어 있으면 배가 고파진다. 에너지라고는 거의 소비하지 않는 수험생이 야식까지 먹게 되면 당연히 살이 붙게 되고, 이는 피부에도 악영향을 미친다.

일찍 자고 일찍 일어나는 생활을 통해 이 악습도 단칼에 정리할 수 있었다.

새벽 기상과는 거리가 멀었던 대학 시절

그렇게 어렵게 일찍 일어나는 습관에 눈을 떴으면서도, 대학에 들어간 후로는 다시 다른 학생들과 마찬가지로 수업이 오후에 있는 날은 끝없이 늦잠을 자면서 게으름을 피웠다. 사실 학교 캠퍼스 탓도 있기는 했다.

4년 동안 대학 생활을 한 게이오 대학 쇼난후지와湘南藤沢 캠퍼스는 '24시간 캠퍼스'가 캐치 프레이즈였다. 도서관이며 컴퓨터실이 모두 24시간 개방되고, 침낭을 가지고 와 학교에서 '생활하는' 대담한 학생들도 있었다. 그룹워크라는 이름으로 다섯 명 정도가 모여서 토론을 통해 과제를 완성하고 발표하는 수업도 하나둘이 아니었다.

밤늦게까지 학교에서, 때로는 혼자 사는 친구 집에서 새벽까지 토론하는 분위기였기 때문에 '일찍 일어나서 나만의 스케줄'을 소화하겠다는 생각이 달아나버렸던 것이다. 덕분에 나는 다시 올빼미형 생활로 돌아갔다. 24시간 언제라도 공부할 수 있는 환경은 사람에 따라 쾌적하게 느껴질 수도 있지만 나에게는 오히려 역효과를 냈던 것 같다.

지금 생각해보면 대학 때 아침형 생활을 계속했더라면 대학 생활이 조금은 달랐을 거라는 생각이 든다. 낙제나 정신적으로 심각한 슬럼프를 겪지 않았을 수도 있을 테니까.

당시 성적표를 보면 ABCD 평가에서 A(우수)는 손으로 꼽을 정도이다. B(보통)보다 C(학점만 겨우 취득 가능)가 많았으니 '용케도 졸업했다'는 생각이 절로 든다. 돌아보면 수업을 빼먹거나 친구들에게 휩쓸려 놀러 다닌 적도 없다. 나름 성실했는데도 결과가 그 모양이었다. 열심히 공부했는데도 낙제점을 받았고, 그룹워크 준비로 주말을 전부 날려버렸다. 도서관에서 책을 수십 권 빌려 읽고도 맥을 잡지 못하고 논점이 빗나간 발언만 해댔다.

당시 나는 필사적으로 암기 위주의 공부에 매달렸는데, 갑자기 '스스로 사고하라!' 라는 요구를 받고 어찌 해야 좋을지 갈피를 못 잡았던 것 같다. 공부를 잘한다는 것과 자기 머리로 생각한다는 것이 얼마나 다른지 뼈저리게 깨달은 시기였다. 한 번은 그룹워크의 일환으로 '인터넷 환경의 확산으로 발생하는 정보 약자를 어떻게 도울 수 있을까?' 라는 테마를 정해 토론한 적이 있었다.

'정보 약자(PC를 잘 다루지 못해서 필요한 정보를 입수하기 어려운 사람)' 를 조사해야 하는데, 나는 '사회적 약자(사회 내 소수자이기 때문에 발언권이 적은 사람들)' 로 착각하고 신체장애자에 대해 조사해갔다. 다른 멤버들은 당연히 어이없어 했다. 또 친구들이 별 생각 없이 "난 머리 나쁜 애들은 싫어. 머리도 좋고 존경할 만한 사람들이 좋더라." 라고 하면, 괜히 "넌 머리가 나빠서 친하게 지내기 싫어!" 라고 혼자 오해해서 상처받기도 했다. 그럴 때마다 'IQ의 저주' 같은 것이 나를 엄습했다. "이렇게 열심히 하는데도 만족스러운 결과가 나오지 않는 건 역시 IQ가 낮아서야……." , "내 힘으로 일어서겠다고 결심했건만 스스로 사고도 못하다니……. 한심한 온실 속 화초들과 다를 게 뭐람!"

외국에서 살다가 온 경험 덕에 봉사 활동도 자유롭게 해외로 하러 다니는 친구, "들어가고 싶은 서클이 없어서 스스로 만들겠다." 며 북 연주 서클을 만든 선배, 학생 신분이면서 창업을 이룬 선배, "공부 하나도 안 했는데 낙제하면 어쩌지?" 하면서도 가뿐하게 A를 받아내고, 아무 준비 없이도 술술 자기 의견을 개진하는 사람들이 얼마나 부러웠는지 모른다.

주위 사람들은 하나 같이 광채가 나는데, 그에 비교하면 나는 왜 그리 초라하던지……. 친척들은 '게이오 대학을 다니는 수재' 라고 불렀지만 실제 내 모습은 나의 이상과 한참 멀리 떨어져 있었다.

3학년 세미나 수업 때는 내 발언으로 토론이 엉망진창이 되어버리는 것이 두려워 견딜 수가 없었다. 그래서 그룹워크를 할 때 한 마디도 하지 않고 침묵으로 일관했을 정도다. 외국의 비즈니스 스쿨에서는 수업 시간에 발언하지 않는 사람은 존재 의의가 없다고 해서 가장 낮은 점수를 받는다고 한다.

쇼난후지와 캠퍼스에도 그와 비슷한 분위기가 있었다. 전혀 의견을 내지 않았던 나는 당연히 존재감 제로 상태였다. 그룹에 짐만 되는 존재랄까? 결국 세미나에 참석하는 것 자체가 괴로워 도중에 포기하고 말았다.

당시에는 세미나 졸업 논문을 내지 않아도 졸업을 할 수 있는 시스템이었다. 그래서 '게이오 대학 졸업 학위'만 받으면 어떻게든 사회에서 인정받을 수 있을 거라는 생각에 숨죽이며 나 자신을 위안하는 생활을 이어갔다.

사실 대학 3, 4학년의 2년 동안 나는 스트레스로 거식증과 과식증을 반복해서 겪었다. 지금보다 10kg 이상 몸무게가 덜 나가는 성냥개비 같은 몸을 하고도 "뚱뚱한 게 문제야. 지금보다 날씬해지기만 하면 분명히 새로운 인생이 펼쳐질 거야."라고 착각하며 하루 600kcal밖에 섭취하지 않는 과격한 다이어트를 계속했다. 결국 나중에 가서는 하루 필요 열량을 대폭 초과하는 데니쉬 식빵 한 줄을 15분 만에 먹어치우고는 곧바로 화장실로 달려가 토하거나, 술자리가 끝나고 집에 가는 길에 편의점에서 초콜릿과 과자, 빵을 닥치는 대로 사와서 먹어치우고는 바로 토하기도 했다. 남들에게 살이 찐 추한 모습을 보일 수 없다는 생각에 커튼을 친 어두운 방에서 한 발짝도 안 나가기도 했고, 모임을 갑자기 취소한 적도 있고, 심지어 고향 집에 가면 많이 먹고 살찔 게 분명하다는 생각에 일부러 집에 발길을 끊기도 했다. 그때는 병이라는 것을 인정하기 싫어서 병원에도 안 갔지만, 지금 생각하면 분명히 병이었다.

단골 미용실에서 "어머, 머리카락이 숭숭 빠지네. 괜찮으세요?"라고 걱정을 들을 만큼 심신이 형편없이 망가진 상태였으니까. 그런 내가 유일하게 마음을 다스릴 수 있는 행위는 요리였다. 과식과 거식을 오가는 나의 마음을 안정시킬 수 있는 방법이 요리라니. 이해하기 어려울 수도 있지만 대학 친구들에게 유일하게 인정받은 것이 내 요리 실력이었다.

요리를 할 때만큼은 자존감을 지킬 수 있었고, 교과서대로 암기하는 것밖에 모르는 나도 창의력을 발휘할 수 있었다. 그러면서 시작한 양배추 하나로 요리법 여섯 가지를 만들어 내는 작업은 틀에 박힌 나 자신에서 벗어나는 일종의 훈련이 되었다.

평범한 사람에게는 평범한 사람만의 살아가는 방법이 있다. 당시 나는 비록 공부에서는 밀렸지만 요리에서는 절대 밀리지 않겠다고 다짐하면서 약한 나 자신을 지키고 싶어 했던 것이다. 또 요리는 나에게 일종의 커뮤니케이션 수단이기도 했다.

1장에서도 언급했지만 나는 어려서부터 아버지의 직장 관계로 전학을 자주 다녀 내성적이고 낯을 심하게 가리는 성격이었다. 그런 내가 바나나 케이크를 만들어 학교에 가지고 간 것은 일대 사건이었다. 덕분에 동기들과 마음을 터놓을 수 있는 계기가 생겼다.

"말주변 없고 부끄럼을 심하게 타는 나도 마음을 담은 요리로 남들과 소통할 수 있구나.", "내 마음을 요리로 전달할 수 있어."라는 생각으로 친구들을 집으로 불러 대접하면서 내 마음을 달랬다.

착각에 빠져 지낸 신입 사원 시절

요리가 나의 유일한 안식이었고 자신감의 원천이었기에 당연히 구직을 할 때도 이 점을 적극 활용했다. 식품업체와 편의점 상품 개발 부문, 요리 잡지를 발행하는 출판사 등에 닥치는 대로 지원서를 보낸 기억이 난다.

당시는 취직 빙하기라고 불릴 만큼 취업이 어려운 때였지만 나는 '게이오 출신' 이라는 간판이면 어디서든 통할 거라고 믿었다. 하지만 성적도 나쁘고 두드러지는 활동도 하지 않은 나는 서류 전형조차 통과하지 못했다. 30여 개 회사에

도전했지만 서류 전형을 통과해 면접까지 간 것은 4개사뿐이었다. 그렇다고 면접에서라도 발군의 실력을 발휘했는가 하면 그렇지도 않다. 어물어물 말도 제대로 하지 못해서 최종적으로 합격한 곳은 주점 체인 와타미和民를 운영하는 와타미 푸드 서비스뿐이었다. 와타미가 나를 살렸다고 해도 과언은 아닐 것이다.

지금은 그룹 전체 사원이 4천 명을 넘는(2009년 4월 현재) 유명 상장 기업이지만, 내가 취직한 1998년 당시만 해도 신규 채용을 시작한 지 얼마 안 되어 아는 사람만 아는 비상장 기업이었다. 기업 설명회라는 곳을 흥미 삼아 다니던 나는 당시 와타나베 미키 사장(현 회장)의 연설을 듣고 마음이 움직였다.

"동료, 사랑하는 가족과 맛있는 음식을 나누는 사람의 미소는 감동적이다."

대학 시절, 내가 남들보다 뒤처진다는 현실을 버틸 수 있게 해준 것이 바로 음식을 통해 얻는 뿌듯함이었다. 뭐 하나 내세울 것 없지만, 와타미라면 감동적인 미소를 더 많이 만들어낼 수 있을 것 같았다. 또 하나, 와타미에 들어가면 창업주 바로 옆에서 기업가 정신을 배울 수 있고, 그런 기회는 앞으로 정말 얻기 어려울 것이라는 생각도 들었다.

지금은 본사가 하네다에 있지만 당시에는 가마타에 있는 고작 2층짜리 구멍가게 수준이었다. 평사원의 책상과 와타나베 사장의 책상 사이의 거리가 몇 발짝도 안 되는……. 사원은 점포 사원과 본사 사원을 합쳐도 270명이었다. 이 소수정예 시스템 속에서 기필코 경영의 기초를 제대로 배우리라 다짐했다. 처음 1년은 점포 현장에서 근무했다. 점장 밑에서 매니지먼트를 배우며 주방과 홀의 실무를 경험했다.

2년째 들어서는 본사 총무부에 반년 근무한 후 와타미의 새 자회사로 1년 동안 파견되었고, 각 점포에 배포하는 소책자의 기획과 와타미 그룹 홈페이지 작성 등 업무를 경험했다. 그러고 나서는 본사 상품부에서 근무했고, 메뉴 촬영과 캐치 카피 작성 등을 맡았다. 처음 1년은 점포에서 근무했기 때문에

- 오후 2시 기상
- 오후 4시경 점포로 출근
- 아침 6~7시경 퇴근
- 아침 8시에 취침

이런 식으로 아침에 일찍 일어난다는 것은 상상도 할 수

없는 생활의 연속이었다. 그러므로 새벽 기상의 위력에 관한 이야기는 잠시 뒤로 미뤄두기로 하자.

점포 주방은 '회 파트', '샐러드 파트', '구이 파트', '튀김 파트'로 정확하게 일이 분담되어 있었다. 사원들은 모든 파트의 요리를 다 만들 줄 알아야 하기 때문에 몇 주씩 순서를 정해 익혀 나간다.

그렇게 전체를 배우고 나면 책임을 지고 한 파트를 맡는다. 원래 요리를 좋아하기는 했지만 가정 요리와 점포 요리는 모든 면에서 크게 달랐다. 주방은 분주함 속에서도 아이디어와 효율성이 요구되는 전쟁터였다. 우리는 상비 매뉴얼을 머릿속에 확실히 집어넣은 다음 우선순위를 정해야 했다.

나는 매뉴얼에 나온 대로 천천히 한 가지씩 해나갈 자신은 있었지만 솜씨 좋게 이것저것을 동시에 진행하는 것은 무리였다. 장사가 절정에 이르는 저녁 8시경이 되면 주문이 밀리기 시작하기 때문에 여러 종류의 요리를 동시에 만들어야 한다. 그런데 그럴 때마다 나는 도대체 어디부터 손을 대야 좋을지 너무 머리가 복잡했다. 정신을 차려보면 눈앞에는 주문전표가 산더미 같이 밀려 있고, 손님들은 주문한 요리가 안 나온다고 항의를 하기도 했다. 보다 못한 아르바이트생이 도와주어 겨우 고비를 넘기는 날들이 계속되었다. 그러면서도 홀에서 나의 부주의에 대한 고객 불만이 들어오면 내 잘못이 아니라며 음식업에 종사하는 사람으로서 해서는 안 될 변명을 하기도 했다.

당시에는 몇 달에 한 번씩 사장님과 술을 마시면서 간담회를 했다. 사장님은 '뭐든 기탄없이' 고민을 말하라고 했다. 그때 상황을 단단히 착각한 나는 업무상 고민이 아니라 "좋아하는 사람에게 차였다."는 연애 상담을 늘어놓으며 그 앞에서 눈물을 짜기도 했다.

사장님의 황당한 얼굴이 지금도 눈에 선한데, 그 생각을 할 때마다 얼굴이 화끈거린다. 그럼에도 스스로 나 자신이 구제불능이라고 생각한 적은 한 번도 없다. 아니, 실은 나에게 문제가 많다는 것을 마음속으로는 이미 깨닫고 있었을지도 모른다.

"멍청하게 사는 건 대학 시절만으로 충분해. 스스로 포기해버리는 순간 다시 그 시절로 돌아가 괴로움을 맛보게 될 거야."라는 생각으로 좌충우돌 부딪히면서 나 자신을 방어하는 데 여념이 없었던 것 같다. 능력이 부족한 것은 생각지도 않고 "주택 수당이 너무 적다.", "내가 원하는 건 점포 근무가 아니라 상품 개발이다.” 등등 권리와 요구만 내세웠다.

지금 돌이켜보면 ‘내가 와타미를 선택해준 것을 와타미는 고마워해야 한다’ 라고 건방지고 오만하게 생각한 시절이었다. 30군데도 넘는 회사에서 고배를 마신 나를 구해준 것이 누구였는지 까맣게 잊은 채……. 근무 환경이 어떻든 간에 일에서 인정을 받아야만 발언권도 기대할 수 있다는 사회인의 기본조차 몰랐던 것이다.

원래 본사에서 근무하려면 점포 내 업무 실적을 인정받고 나서 다시 점장으로서 매니지먼트를 경험하는 것이 순서였지만, 나는 점장도 되기 전에 현장 근무로 배치를 받은 지 단 1년 만에 본부로 발령을 받았다. 본부에서는 총무부에 소속되어 비품 관리를 담당했다. 비품이 늘 떨어지지 않게 해서 업무에 차질을 빚지 않도록 여건을 만드는 것은 총무부의 당연한 임무이다.

그런데도 당시에 나는 ‘총무는 잡무니까 중요하지 않아.’, ‘크고 눈에 띄는 업무, 하고 싶은 업무를 하면 돼’ 라는 생각에 빠져 있었다.

그 결과 와타나베 사장이 편지를 쓸 때 반드시 사용하는 기념우표를 제대로 챙기지 못해 비서가 정신없이 구하러 다니는 일도 발생했고, 토너나 복사 용지는 항상 모자라거나 과잉 발주로 남아돌았다. 나중에 내가 새 자회사로 발령받으면서 과잉 발주가 줄어든 덕도 있겠지만 어쨌든 후임 총무 담당자가 극적인 비용 절감을 달성해 회사에서 표창장을 받았을 정도였다. 그뿐만이 아니다. 고객의 전화를 받는 일은 매우 중요한 일임에도 전화벨이 여러 번 울리도록 그냥 두어 보다 못한 사장님이 직접 전화를 받은 일도 있었다.

착각 속에 관련 회사로

착각 속에서 시작한 사회생활도 어느덧 1년 반이 되어갈 무렵, 나는 와타미가 설립한 새 회사로 발령을 받았다.

와타미가 앞으로 주력할 분야의 제1호 사원이라는 이유만으로 당시에는 "역시 나밖에 없어!" 라는 자만심이 하늘을 찔렀다. 하지만 속사정은 달랐다.

"이대로는 아무 짝에도 쓸 데가 없으니 회사에나, 개인에게나 모두 불행이다. 업무의 기본자세를 처음부터 다시 훈련

시키기 위해서라도 엄한 사장 밑에서 철저하게 수련하도록 해야 한다."

아마도 이런 판단이 작용한 결과로 와타미의 창업기부터 와타미의 이념을 내외에 널리 알려온 브랜딩 프로듀서이자 자회사 사장인 A사장 밑으로 보내진 것 같다. A사장은 너무 당연해서 아무도 가르쳐주지 않는 사회인으로서의 기본적인 마음가짐에서 구체적인 업무 추진 방법까지 철저하게 가르쳐주었다. 그가 매우 직설적인 화법을 구사해서 '스파르타식' 이라는 인상을 받았지만, 그때 배운 훈련은 와타미를 나와서도 나에게 피와 살이 되었고 지금까지도 도움이 되고 있다. 또 그때의 경험은 잠깐 잊고 지낸 아침형 생활의 매력을 다시 떠올리게 하는 계기도 되었다.

이 회사에서는 매일 아침 전날에 '느낀 바' 를 업무에 어떻게 연결할 것인지 각자 1분 정도 발표하는 '아침 미팅' 이라는 모임이 있었다. '느낀 바' 가 있는지 없는지의 차이는 단순히 맡겨진 일만 하느냐, 문제의식을 가지고 일하느냐의 차이이다. '평소 일상적으로 일어나는 사건들에서도 무언가를 배울 수 있는 사람이 일을 잘하는 사람' 이라는 것이 A사장의 지론이었다. 느낀 바에는 '쓸 만한' 느낀 바와 '그렇지 않은' 느낀 바가 있다. '쓸 만하다' 는 것은 평범한 일에서 만사에 공통적인 진리와 해결해야 할 과제를 찾아내는 '깊은 울림이 있는 느낀 바' 를 말한다.

반면에 '그렇지 않은', 즉 신통찮다는 것은 누구나 떠올릴 수 있는 내용을 그저 눈에 띄기에 말해보는 정도의 것이다. 예를 들어 "화장실이 지저분해서 좀 더 깨끗하게 청소해야겠다고 생각했다." 같은 것은 신통찮은 내용이다. 누가 들어도 "옳다구나!" 싶은, 깊이 있는 느낌을 일상 속에서 발견하지 못한다는 것은 자신의 일에 대한 문제의식이 적다는 의미이다.

나는 어느새 매일 아침 어떻게든 제대로 된 이야기를 해야겠다는 압박감을 느끼며 과연 어떻게 해야 좋을지를 연신 고민했다. 물론 하루아침에 해결될 문제였으면 애당초 A사장 밑으로 파견되지도 않았을 것이다.

그러다 와타나베 사장이 아침 시간을 어떻게 사용하는지가 문득 떠올랐다. 와타나베 사장은 하루 4시간 수면을 실천하는 사람으로 아침 4시 반에 기상하고 6시 반이면 출근해서 신문을 훑어봤다. 또 매주 화요일에 열리는 '업무 개혁 회의' 를 비롯해서 당시 신입 사원 대상, 점장 대상, 부 · 과장 대상의 연수를 각기 월 1회, 아침 7시부터 개최했다.

"당연한 일을 당연한 방식으로 하면 당연한 결과밖에 나오지 않는다."라는 것이 사장의 입버릇이었다. 그리고 그런 신념을 몸소 실천으로 보여주었다. 새벽 기상의 위력을 오랫동안 까맣게 잊고 있던 나에게 아침 4시 반 기상은 무리였다. 하지만 조금이라도 일찍 출근해서 업무 시작 전에 생각할 시간을 만들 수만 있다면 혹시라도 '쓸 만한 아이디어'가 떠오를지 모른다는 생각이 들었다.

그래서 매일 아침 업무 시작 30분 전에 회사 앞 패스트푸드점에 들러 생각하는 시간을 보내기로 했다.

- 그때까지 아침 7시에 기상하던 것을 6시 반으로 변경
- 8시에 패스트푸드점 도착
- 8시 반까지 어제 있었던 일을 돌아보고 손님들이 왜 화를 냈는지, 그때 어떻게 대응했으면 좋았을지 적으면서 '발표거리'를 생각

이런 훈련을 1년 동안 꾸준히 지속했다. 당장 효과를 본 것은 아니었지만, 남보다 일찍 회사 앞에 도착해 준비를 한다는 데서 마음의 여유가 생긴 것이 주효한 것일까? 머리가 더 맑아지면서 일도 잘 돌아가는 것 같은 기분이 들었다. 그런

경험을 통해 일찍 출근해서 전투태세를 취하면 일의 성과로 직결된다는 것을 배웠다.

그런 식으로 적응해갈 무렵, 본사 상품부로 돌아가라는 지시가 떨어졌다. 입사 당시부터 상품 개발을 목표로 했던 나로서는 꿈만 같은 발령 지시였다.

의기양양하게 본사로 돌아간 나는 나 자신이 얼마나 변했는지를 깨달았다. 주위 사람들의 대화를 이해하게 된 것이다. 사회인으로서 너무나 당연한 이야기인지라 독자들이 비웃을지 모르겠지만, 사실 나는 자회사로 발령되기 전까지 '제멋대로인 사원', 즉 원하는 부서로 발령받지 못한 것에 불만을 가득 품고 회사 방침은 무시한 채 자기 주장만 하는 사원이었다. 그러다보니 회사에서 내가 수행하는 역할은 종잡을 수 없이 왔다 갔다 했다.

그러던 내가 A사장 밑에서 철저한 훈련을 받으면서 내가 맡은 일이 회사 전체에서 어떤 위치를 차지하고, 그 속에서 나는 어떤 행동을 해야 하는지를 이제 이해할 수 있게 된 것이었다. 그것만 해도 큰 발전이라 할 만 했다.

하지만 일의 전체 흐름을 파악할 수 있게 되자 이번에는 왠지 내가 맡은 업무가 작고 초라하게 느껴졌다. 동시에 '보람 있는 일을 맡고 싶다' 는 욕구로 점점 불만과 불안이 커져 갔다. 전에 내가 얼마나 '형편없는' 사원이었는지 나 자신도 잘 알고 있기에 그런 말을 할 처지는 아니었지만 말이다. 그렇지만 열정이 넘쳤고 업무 능력도 겨우 습득했는데 원하는 업무 근처에는 얼씬도 하지 못하는 공회전 상태.

어떻게든 그런 상태에서 벗어나고 싶다는 의지가 마음속에서 끓어올랐다. 있으나 마나 한 패배자에 가까웠던 나를 이렇게 바꿔놓은 것은 와타미와 A사장이다.

지금 생각하면 그 자리에서 조금만 더 참고 견디며 꾸준히 실적을 올리고, 잃었던 신뢰를 되찾는 것도 나쁘지 않았을 것 같기도 하다. 하지만 당시의 나는 그만한 깊은 생각을 할 줄 몰랐다. 결국 3년 3개월 동안 몸담았던 와타미를 떠나기로 마음먹었다. 그리고 그때까지 나를 지탱해준 것은 '요리' 라고 굳게 믿었지만 와타미와의 결별을 계기로 이제는 '요리에 집착' 해서 꼭 그것을 직업으로 연결시키려는 생각에서 벗어나자고 결심했다.

나라는 사람이 '요리' 그 자체보다는 '요리' 라는 매체를 통해 이루어지는 사람과의 소통에 끌렸다는 사실을 깨달았기 때문이었다.

"직업적으로 발을 담그지 않아도 요리는 취미로 계속할 수 있다. 그것이 타인에게 도움을 줄 수 있으면 그것으로 족하다."

"요리밖에 잘 하는 게 없으니 어떻게든 요리를 계속해야겠다는 생각을 버리자!"

이렇게 생각을 바꾸자 내 몸을 경직시켰던 과도한 긴장감이 빠져나가면서 요리를 대하는 내 마음도 훨씬 가벼워졌다.

외국계 컨설팅 회사에서 다시 새벽 기상을 시도하다

직장을 옮기려니, 외식업계 경험이 전부인 데다 책임 있는 업무를 수행한 실적도 없던 터라 그저 여기저기 힘닿는 대로 문을 두드려볼 수밖에 없었다. 당연히 대부분의 회사에서 서류 전형도 통과하지 못해 적지 않은 좌절을 맛보았다. 하지만 서류 전형에서 줄줄이 떨어지는 경험은 이미 대학 때 익숙해졌고, 좌절을 희망으로 바꾸는 힘도 새벽 기상을 통해 경험해본 상태였다.

수십 개 회사에 지원하는 과정에서 경력이 재미있다는 점,

근성이 엿보인다는 점을 높이 산 외국계 전략 컨설팅 회사에 최종 발탁되는 기회를 얻게 되었다.

외국계 컨설팅 회사라 하면 수억 엔에 이르는 엄청난 연봉과 화려한 이미지를 떠올리는 사람이 많지만, 나는 계약직으로 시작한 데다 처음 몇 개월은 시급을 받는 인턴사원 처지였다. 시급 천 엔을 받아 월세 7만 엔을 내야 하는 빠듯한 생활. 인턴사원은 손에 쥐는 돈은 적었지만 대신 야근이 적어 시간적 여유가 많았다. 그래서 그 여유를 활용해 와인 공부를 해두기로 마음먹었다.

사실, 와타미 시절에 직무와 직접적 관련이 있는 자격증을 따고 싶어서 짬짬이 시험을 준비해 일본주 전문가 자격증을 취득했다. 그러면서 음식뿐만 아니라 술에 관한 관심도 더불어 커졌다. 와인과 관련해서는 일본 소믈리에 협회가 인정하는 '와인 엑스퍼트' 라는 자격증을 노리고 있었다. (소믈리에는 실무 경험이 필요한 반면에 와인 엑스퍼트는 실무 경험이 없어도 상관없다. 시험 문제 내용은 거의 동일하다.)

와인 엑스퍼트 합격률은 40~45%, 하지만 와인 스쿨에 다니면 70~90%의 확률로 합격할 수 있다고 했다(독학을 한다면 합격률은 20% 이하). 즉 스쿨을 다니면 비교적 쉽게 합격할 수 있다는 이야기지만, 생활비도 간신히 대는 나로서는 꿈도 꿀 수 없는 일이었다. 독학밖에 선택의 여지가 없었다.

처음에는 밤 시간을 이용해 공부할 작정이었지만, 워낙 술을 좋아하는 탓에 유혹을 이겨내기가 쉽지 않았다.

"와인을 마시는 게 곧 공부지 뭐."라는 핑계를 대가며 날마다 홀짝홀짝 마시고는 책상 위에 엎어져 자버리는 나날이 계속되었다.

그러던 어느 날, 문득 아침 일찍 일어나 성공을 경험했던 과거를 떠올렸다.

"그러고 보니 예전에는 아침형 생활을 했잖아? 일찍 일어나서 공부하면 되겠는데!"

이렇게 해서 다시 한 번 아침형 생활에 도전하게 되었다. 매일 아침 5시 반에 일어나 집을 나서서 회사 근처 패밀리 레스토랑으로 직행한 후, 6시 반부터 8시 반까지 2시간을 공부시간으로 돌렸다. 와인 시험은 입시 공부와 비슷한 데가 있다. 테이스팅도 물론 중요하지만 와인의 원료가 되는 대표적인 포도 품종과 그 맛의 차이, 각국 와인의 특징 및 와인과 요리의 궁합 등 온갖 세세한 지식을 암기해야 한다.

공부 일정과 노트 필기, 암기 등에는 누구의 방해도 받지 않는 아침 시간이 제일 좋았다. 와인 시험공부 일정은 다음과 같았다.

- 아침 5시 30분 기상
- 아침 식사는 집에서 먹고 전철로 출근
- 6시 30분에 회사 근처 패밀리 레스토랑에 도착
- 참고서 꼼꼼히 읽기, 노트 필기, 단어장 작성, 문제집 풀이
- 점심시간에 밥 먹으면서 단어 암기
- 밤에는 집에서 와인 테이스팅. 가끔 기분 전환과 공부를 겸해 레스토랑에서 와인 음미
- 입시 체험기를 블로그에 게재

이렇게 탄력적으로 생활을 조절한 덕에 입시 공부도 상쾌하게 끝내고 순조롭게 자격증도 딸 수 있었다. 거기에 맛을 들여 치즈 전문가(치즈 프로페셔널 협회 인정), 비어 테이스터(비어 테이스터 협회 인정), 일본주 장인(일본주 전문가 상급 자격) 등 술과 관련된 분야의 자격증을 아침 공부를 통해 손에 넣었다.

어떤 자격증이든 기본적으로 먼저 일정을 세우고, 그 일정

에 따라 외울 건 외우고 책을 통해 지식을 쌓는다. 와인 엑스퍼트 때의 성공 경험이 있기에 응용은 비교적 쉬웠다.

또 아침에 공부하면 밤 시간을 자유롭게 활용할 수 있어서 평일 밤과 휴일은 천연효모빵 강좌의 강사 양성 학원과 마크로비오틱(친환경 요리법을 이용한 장수 건강 식사법) 요리 교실을 다니며 추가로 두 가지 자격증을 더 취득했다. 또 자격증 시험공부로 얻은 지식을 응용해 학원을 창업하는 방법과 스스로 수업 커리큘럼을 짜는 노하우도 쌓을 수 있었다. 할 줄 아는 건 암기뿐이라는 평생 콤플렉스에서 벗어날 수 있었던 시기였다.

자신감이 붙은 나는 회사의 허락을 얻어 본업에 지장이 없는 한도에서 주말에 동네 요리 교실을 빌려 빵 만들기 교실과 치즈 교실을 열기도 했다.

물론 본업은 외국계 컨설팅 회사의 사원이었다. 취미에 너무 열중한 나머지 본업을 소홀히 한다는 말은 절대 듣기 싫었기에 본업에도 필사적으로 매달렸다.

와타미 시절에 익힌 '업무 시작 전 30분 워밍업'은 이때도 큰 도움이 되었다. 회사 업무는 아침 9시 시작이었기 때문에 회사 근처에 있는 패밀리 레스토랑에서 8시 30분까지 취미인 '음식'에 관해 공부한 후 출근했다. 회사에 도착하면 즉시 메일을 확인하고, 그날의 업무를 시뮬레이션 해보았다. 구체적으로는 수첩을 보면서 그날 일정을 확인하고 동시에 머릿속으로 하루의 흐름을 그려보았다. 회의가 있어 자리를 비워야 할 때는 회의를 전후해서 어떻게 업무를 조정할 것인지에 대해서도 각각 리스트를 만들어두어 아침부터 예측하지 못한 일이 일어나더라도 당황하지 않도록 환경을 조성했다. 이렇게 9시 이전에 그날 업무에 전력 질주할 수 있는 자세를 가다듬어놓으면 일이 생각보다 훨씬 잘 진척되었다.

덕분에 작업 효율이 극대화되어 결과적으로 좋은 업무 평가도 받을 수 있었다. 그저 30분 일찍 출근했을 뿐인데 계약직에서 정규직으로, 평사원에서 시니어 스태프(매니저 전 단계)로 순조롭게 커리어를 구축해나갔다. 커리어가 쌓이면서 일시적으로 야근이 늘었지만, 아침 시간을 활용해 효율적으로 업무를 처리하면서 야근도 서서히 줄어들고 매일 오후 5시에서 7시경에는 퇴근할 수 있었다.

이렇게 나는 와타미에서 3년여, 그리고 외국계 컨설팅 회사에서 6년 동안 전혀 다른 일을 하며 경력을 쌓았다. 의도한 것은 아니지만 이 두 회사에는 '아침 시간을 효율적으로 활용하게 하는 힌트가 곳곳에 숨어 있다' 라는 공통점이 있다.

이 두 회사와 대학 입시, 학창 시절까지 종합해서 생각해 보면, 나라는 사람은 '아침형으로 생활했을 때 가장 효율이 높았다' 는 결론을 얻을 수 있다.

그 덕분에 지금 밤 11시 취침, 아침 4시 기상이라는 스타일을 확립하기에 이른 것이다.

얻는 것이 있기에 매일 일찍 일어날 수 있다

하루 24시간을 100시간으로 활용하는 파워 집중법

나는 아침의 평온한 분위기가 정말 좋다. 오렌지 빛이 감도는 아침 해가 점점 밝은 금빛으로 변하면서 어느새 온 세상이 훤해진다. 그 풍경을 바라보고 있자면 뭐라고 말할 수 없는 엄숙한 기분이 든다고나 할까?

1장에서 내가 최근 들어 2009년 호놀룰루 마라톤 완주를 목표로 아침 운동을 하고 있다고 썼는데, 그 시간에 아침 햇살의 에너지를 받으면 활기가 충전되는 듯한 느낌을 받는다.

공기가 깨끗할 때는 태양 에너지로 내 몸을 충전하는 이미지를 떠올리며 강변을 따라 달린다. 햇살이 머리끝에서 발끝까지 비춰 내 몸 안에 활기가 충만해지는 모습을 상상하면 아침부터 힘차게 앞으로 돌진할 수가 있다.

아침 시간은 참으로 조용하다. 도로를 지나는 차들도 적어서 공기도 깨끗하다. 사람들도 거의 없고, 들리는 것은 새들이 지저귀는 소리뿐. 아무런 방해도 받지 않는 상태에서 이런 저런 생각을 하다보면 놀랄 만큼 건설적인 아이디어도 떠오른다. 졸린 눈을 비비며 일어나 줄넘기 연습 과제를 하던 어린 시절의 여름 방학을 기억해보라.

"방학인데 왜 이렇게 일찍 일어나서 움직여야 하는 거지?"

온갖 불평을 하면서도 선생님의 지시라 어쩔 수 없이 수십 번씩 줄넘기를 뛴 기억이 누구나 있을 것이다. 그런데 일찍부터 줄넘기로 아침을 열면 왠지 하루가 길게 느껴지면서 큰 이득을 본 것 같은 기분이 들지 않았는가? 그것은 어른이 되어서도 마찬가지다. 일을 하다보면 오전 중에 능률이 더 높다는 느낌이 든다. 아침 9시부터 12시까지 3시간 동안은 길게 느껴지는데, 어째서 오후 3시부터 6시까지 3시간은 눈 깜짝할 사이에 지나가 버리는 걸까? 독자들도 그런 경험을 한

적이 한두 번이 아닐 것이다. 아침 시간을 활용하면 세 가지 장점이 있다.

① 말끔한 머리로 허둥대지 않고 차분하게 중요한 일을 생각할 수 있다.

② 일의 흐름을 충분히 조정해볼 여유가 생기므로, 결과적으로 업무를 일찍 끝내고 사적인 시간도 많이 확보할 수 있다.

③ 일정한 수면 시간을 확보하기 위해 취침 시간을 설정해놓고 시간을 거꾸로 계산하다보면, 그때까지 남은 시간을 효율적으로 쓸 수 있다.

이런 장점들을 마음껏 누릴 수 있는지의 여부가 이 불안정한 시대에 살아남는 관건이 될 것이라고 생각한다. 하루가 100시간으로까지 늘어나는 것만 같은 이 환희. 아침에 일찍 일어나면 매일 그런 기분을 맛볼 수 있다.

참고로 일찍 일어나면 의학적으로도 우리 몸에 매우 좋다고 증명되었다.

도호쿠 대학東北大學 의과대학의 가와시마 류타川島隆太 박사의 말에 따르면 인간의 뇌는 오전 중에 제일 잘 돌아가고 '아침의 2시간은 저녁의 5시간과 맞먹을 만큼 일처리 능력이 높다' 고 한다.

또 뇌과학자 모기 겐이치로茂木健一郎 씨는 『뇌를 활용한 공부법, 기적의 '강화 학습'』이라는 저서에서 "뇌를 최대한 활용하려면 밤보다 아침이 효율적"이라고 지적했다. 자는 사이에 전날 안에 미처 처리하지 못했던 기억이 정리되어 아침에는 뇌가 깨끗한 상태가 된다는 것이다. 그래서 아침 시간은 창의적인 일을 하는 데 적합한 '두뇌 골든타임' 이다.

새벽 기상 심신의학연구소 소장이며 우울증 등 마음의 병을 전문으로 다루는 사이쇼 히로시税所弘 씨도 "일찍 일어나면 스트레스와 병을 완화할 수 있다."라고 주장했다.

시간을 밀도 있게 쓰겠다는 생각을 하라

사람은 적당한 압박감이 있어야 최고의 결과를 낼 수 있다고 한다.

"사흘 후까지 정리해둬. 급한 건 아니니."라는 지시를 받으면 좀처럼 일이 진전되지 않지만, "급해! 30분 안으로 정리하지 못하면 고객이 난리 칠 거야!" 라는 얘기를 들으면 온갖 아이디어를 짜내서 결국에는 30분 안에 마무리 짓게 된다.

사실 그런 압박감에 매일 시달린다면 정말 큰일이 벌어질 것이다. 하지만 아침이라면 그 압박감을 긍정적으로 활용해서 업무를 마음대로 조절하는 연습 기회로 삼을 수 있다.

업무 시작 전 몇 시간을 자신에게 가장 적절한 압박을 가하는 리허설 시간이라고 생각해보자.

"8시 반까지 A와 B를 끝내겠다!" 라고 처음부터 정해두고, 8시 반까지의 시간을 철저하게 정해둔 일들을 끝내는 데만 사용하는 것이다. 여기에 성공하면 무언가에 집중하는 자기 자신에 대해 쾌감을 느끼게 되고, 시간 안에 일을 마무리한 자신을 칭찬해주고 싶어진다.

그런 흐름이 긍정적인 힘이 되고 업무 시작 시간인 9시에 맞춰 순식간에 시동이 걸리는 상태가 되면, 시작과 동시에 모든 일이 순조롭게 척척 풀릴 것이다. 외국계 컨설팅 회사에 다니던 시절의 하루 일과를 소개하면 이렇다.

- 밤 11시 취침
- 아침 4시 기상, 샤워
- 5시까지 화장, 헤어 & 메일 확인

- 5시 아침 식사
- 5시 반 출발
- 6시경 회사 근처 패밀리 레스토랑에 도착, 음료 주문
- 7시까지 어제 석간과 오늘 조간 읽기
- 8시 반까지 취미인 제빵 관련 아이디어 내기, 책 읽기, 블로그 정리, 기획 짜기 등 '사색과 계획'의 시간
- 8시 반 출근. 메일 확인 및 업무 흐름을 머릿속으로 완성
- 9시 업무 시작

이처럼 기상에서 업무 시작까지의 한정된 시간을 잘게 끊어서 실천하려면 시간을 더더욱 밀도 있게 활용해야 한다. 시간제한이 있기 때문에 해야 할 일의 전체 흐름을 파악하고 적절한 시간 배분을 생각할 수 있는 것이다.

지금은 회사를 나와 내 일을 꾸리고 있는 상태이기 때문에 자유롭게 시간을 쓸 수 있지만, 달리기를 할 때와 하지 않을 때를 나누어 스케줄을 짜고 조금이라도 시간이 낭비되지 않도록 최대한의 노력을 기울이고 있다.

그때그때 상황에 맞춰 기상부터 취침까지 잘게 시간을 나눈 다음 스케줄을 짠다.

	회사원 시절 (평일)	현재 1 (여름)	현재 2 (겨울)	현재 3 (바쁠 때)
4	기상 · 샤워 · 화장 · 아침밥	기상 · 스트레칭	기상 · 메일 · 인터넷 확인	기상 · 샤워 · 화장 · 아침밥
5	이동	달리기	업무	이동
6	신문읽기	샤워 · 화장 / 세탁	스트레칭	신문읽기
7	시험공부 · 독서 · 장래 계획 기획서 작성	아침밥 / 청소	달리기	업무
8	업무준비	메일 · 인터넷 확인	샤워 · 화장 / 세탁	↓
9	업무	이동	아침밥 / 청소	↓
10 ~ 18	↓	신문읽기 / 업무 ↓	이동 / 신문읽기 / 업무 ↓	↓

	집으로 바로 돌아갈 때	딴데 들렀다 갈 때	현재 3 (바쁠 때)
19	이동 / 저녁밥	차마시기	↓
20	청소 / 세탁	회식 / 쇼핑	↓
21	인터넷 등 / 목욕	스터디 등 / 이동	이동 / 목욕
22	남편과 대화	목욕	남편과 대화
23	취침	취침	취침

아침 4시에 일어나면 '바쁘다'는 말이 사라진다

"시간을 더 밀도 있게 활용하고 더 강하게 자신을 압박하라!"라고 하면, "그렇게 끊임없이 시간에 쫓기면 숨이 막힐 거야."라거나 "난 못해."라는 반응을 보이는 사람들도 있을 것이다. 하지만 막상 해보면 그렇지 않다. 역설적이지만 시간을 밀도 있게 활용하면 그와 함께 '바쁘다'는 말도 사라진다.

아침은 누구에게도 방해받지 않는 유일한 시간이고 그 시간을 자유롭게 쓰고 있다는 기분, 자신이 자기 인생을 마음대로 지배하고 있다는 기분을 만끽할 수 있기 때문이다.

애당초 '바쁘다', '시간에 쫓긴다'라는 생각이 드는 이유는 무엇일까? 자신의 의사와 관계없이 다른 요인들에 휘둘리기 때문이다.

내 친구 중에 IT 기업에서 책임 있는 지위를 맡아 일하며 동시에 두 살짜리 아이를 키우는 이가 있다. 그녀는 자신만의 시간을 만들기 위해 아이를 밤 9시에 재우고 나서 회사 업무와 다음날 저녁 준비, 세탁 같은 가사를 처리했다. 하지만 아무리 아이가 일찍 잠들기를 바라더라도 아이들의 취침 시간이란 들쑥날쑥하기 마련이다. 결국 계획한 시간을 맞추지 못해 업무와 가사는 계속 미완성 상태였다.

이를 해결하기 위해 그녀는 나를 따라 아침 4시에 일어나기로 했다. 과감하게 밤 9시만 되면 아이들과 함께 눈을 붙이고 아침 4시에 일어나기로 한 것이다.

이렇게 해서 아이들이 눈을 뜨는 아침 7시까지 약 3시간을 온전히 자신만의 시간으로 만들 수 있었다. 물론 아이들이 일어나는 시간도 불규칙하기는 하지만, 이전의 들쑥날쑥하던 취침 시간과 비교하면 일정한 편이었기에 생활을 계획적으로 해나갈 수 있다고 했다.

또 그녀는 업무상 미국과 메일을 주고받는 일이 많았는데, 아침 일찍 일어나 메일을 확인하는 습관을 들인 결과 시차 없이 업무를 신속하게 진행할 수 있는 장점이 있다고 했다.

게다가 가사와 육아 면에서도 장점이 있었다. 그녀는 보육원에 아이를 데려다줄 때 항상 자전거를 이용했는데, 비가 오는 날이면 걸어갈 수밖에 없어 평소보다 일찍 출발해야 했다. 그러다보면 어느새 허둥대기 일쑤였다.

하지만 아침 4시에 일어나면서부터는 시간적으로나 정신적으로 여유가 생겨 비가 오는 날에도 급하게 서두르느라

쩔쩔 매는 일이 없어졌다고 한다. 또, 아이들은 툭하면 열이 난다. 아침에 일어나서야 아이가 열이 나는 것을 발견한 응급 상황일 때, 이 부부는 둘 중 한 사람이 회사를 하루 쉬는 것이 아니라 '한 사람은 오후 조퇴, 한 사람은 오후 출근' 을 하는 식으로 반일씩 나누어 업무를 쉬는 방식을 택했다.

아침 4시에 일어나면 이렇게 아이가 갑자기 열이 날 때 일찍 발견할 수 있다. 그러면 업무를 오전 중에 끝내도록 아침부터 서두르고, 일이 마무리되는 오후에는 조퇴를 하더라도 업무에 미치는 지장을 최소화할 수 있다. 다만 일찍 일어나는 습관의 유일한 단점은 남편과 생활 리듬에서 차이가 난다는 것이었다.

그런데 그녀의 생활에 감동한 남편도 아침 4시 기상으로 생활 패턴을 바꾼 결과, 이른 아침 부부의 대화 시간도 늘었다는 후문이다.

그뿐만 아니라 생각지도 못한 부산물이 하나 더 있었으니, 일찍 일어난 남편이 '도시락' 을 싸기 시작한 것이었다. 도시락을 싸는 김에 갓 지은 따끈한 아침상도 차려준다나? 이렇게 아침 4시 기상은 주변의 조건에 휘둘리지 않는 생활을 하는 데도 매우 큰 위력을 발휘한다.

아침 4시 기상으로 키우는 순발력과 '가설 사고력'

'가설 사고' 라는 말이 있다. 문제를 해결할 때 철저하게 정보를 조사한 후 결과를 내는 것이 아니라 정보가 적은 시점부터 '짐작' 으로 문제의 전체 흐름과 결론을 판단하는 사고 방법이다.

아침 4시에 일어나면 이러한 가설 사고력을 몸으로 익힐 수 있다. 매일 한정된 시간 안에 결과를 내야 하기 때문이다.

나는 외국계 컨설팅 회사에 근무할 당시 항상 급하게 자료를 작성해야 하는 부서에 근무했다. 프로젝트 몇 가지가 동시에 진행될 때는 이 사람, 저 사람이 손으로 써서 가지고 온 원고나 자료를 보기 좋고 예쁘면서 전달력까지 있도록 파워포인트 자료로 다시 작성해야 했다. 동시에 프로젝트 세 개를 담당할 때의 예를 들어보자.

A프로젝트는 12시에 클라이언트의 회사에서 프레젠테이션, B프로젝트는 오후 4시, C프로젝트는 저녁 7시에 프레젠테이션이 예정되는 등 여러 프레젠테이션이 같은 날에 겹치는 일이 많았다.

| 외국계 컨설팅 회사의 자료 작성은 항상 시간과의 싸움 |

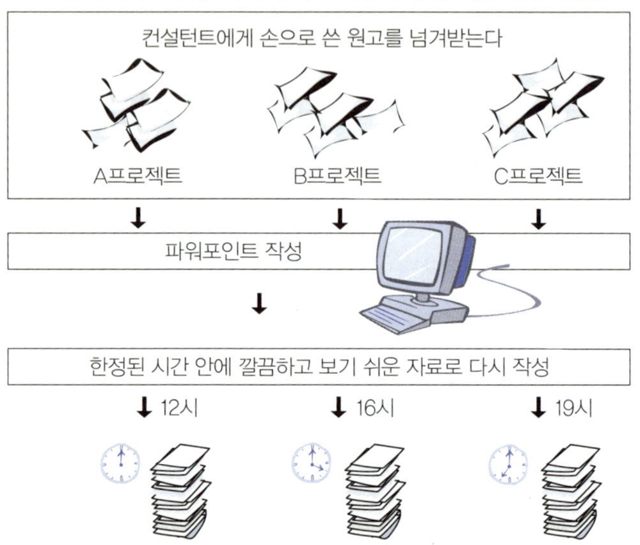

그래서 각 프로젝트의 리더들이 최종적으로 자료를 확인할 수 있는 시간대, 클라이언트의 회사까지 이동하는 시간, 각 자료가 얼마만큼의 시간을 잡아먹을지 등을 모두 고려하면서 동시에 작업을 진행해야 한다. 출발하기 30분 전에 파워포인트 자료 10장을 초속으로 완성하는 일도 다반사였다. 게다가 컨설턴트들도 바쁘기 때문에 내용 설명을 한두 마디로 끝내는 경우도 일상적으로 일어났다. 이럴 때는 한 가지 질문으로 열 가지 정보를 얻어내야만 한다. 이때 필요한 순발력은

아침 4시 기상을 통해 충분히 준비하고 길러두었다.

누구나 머리로는 알고 있지만 실감하기 어려운 사실, 바로 시간은 유한하다는 것이다. 사람들은 시간을 많이 들이면 좋은 자료를 만들 수 있다는 것을 알고 있다. 하지만 자료 하나에 1주일, 2주일씩 쏟을 만큼의 여유는 없다. 따라서 1분 1초라도 빨리, 더불어 확실하게 처리해야 한다. 즉 순발력 싸움이라는 얘기다.

컨설턴트에게 어떤 질문을 던져야 자신의 업무가 수월해질지, 어디서부터 시작해야 가장 효율적이면서도 가장 적절한 결과를 낼 수 있을지 '짐작' 할 수 있어야 하기 때문이다. 아침 4시에 일어나면, 한정된 시간 안에 어떻게 하면 효율적으로 자신이 추구하는 결과를 낼 수 있을지 매일 훈련할 수 있다.

부정적인 나를 리셋 & 리뉴얼

"밤에 쓴 러브레터는 아침에 다시 읽어볼 것을 권한다. 너무 무거울 수 있으니까."

한 번쯤 이런 말을 들어봤을 것이다. 밤에는 사물을 바라보는 시각이 자기 반성적으로 변하기 쉽다. 때로는 반성이 지나

쳐 소극적이고 침체된 감정에 푹 빠져버리기도 한다. 밤에 쓴 블로그도 나중에 다시 읽어보면 왜 그렇게 자신을 꾸짖는 말들만 눈에 띄는지 당장 지워버리고 싶은 우울한 문장들뿐이다.

이와 반대로 아침에는 해가 떠오르는 장면을 보기만 해도 상쾌해진다. 그래서 이때 쓴 블로그들을 본 지인이나 블로그 독자들에게서 "지에 씨는 언제나 밝단 말이야.", "항상 활동적이고 긍정적이니까 보는 사람도 힘이 나."라는 말을 종종 듣는다.

하지만 앞서 소개한 대학 시절의 이야기를 보면 알 수 있듯이 나는 원래 심각할 정도로 사고방식이 부정적이다. 어릴 때부터 칭찬을 별로 받지 못한 탓일 수도 있다. 언제나 '내 능력으로는 더 이상은 무리야.', '휴~ 또 저질러버렸네.', '역시 난 안 돼.'와 같은 불안감에 시달리며 좌절하는 일이 많았다.

그런데 신기하게도, 아침 4시에 눈을 뜬 날은 기분이 아주 긍정적으로 변하면서 '그래, 오늘도 힘차게 달리는 거야! 라는 기운이 샘솟는 것을 느낀다. 또 아침 4시에 일어나면 '고무공처럼 통통 튀는 힘'이 몸에 밴다. 즉, 아무리 맨바닥에 내동댕이쳐지더라도 그 반동을 이용해 더 높이 점프할 힘이 생기는 것이다.

앞서도 언급했다시피 나는 와타미 시절에 관련 자회사로 파견 간 시기가 있었다. 새로 생긴 회사이기 때문에 무슨 일이든 가리지 않고 소화해야 했음에도 나는 아무것도 할 줄 몰랐고, A사장은 기가 막혀 했다. 명함 한 장을 만드는 데도 어디에 어떤 식으로 발주해야 하는지 몰랐으니까. 거래처에 영업 활동을 하는 것도 무엇부터 시작해야 좋을지 몰랐다. 회사 정보를 알려야 할 때도 표현 방법에 대해 젬병이었다.

모르는 것을 솔직하게 모른다고 인정하고 주위 사람들에게 물어보지 않고 내 마음대로 일을 처리해버려 항상 회사에서 말썽만 일으키는 존재였고 주의도 많이 받았다. 그런 나 자신이 답답해 눈물을 삼키기를 여러 날. 좌절감에 빠져 울면서 귀가한 적도 있었다. 창업가 정신을 배우는 데 최적의 장소였음에도 나는 오히려 "아무것도 안 가르쳐주는 이놈의 회사, 때려치워 버리겠어!"라며 회사를 원망하기까지 했다. 하지만 다음 날 아침 일찍 일어나 업무 시작 전 30분 동안업무 준비를 하다보면, 희한하게도 마음이 안정되면서 '어제 사장이 지적한 부분이 지금의 나에게 부족한 부분이야. 최선을 다해 배우자!'라고 긍정적으로 사고를 전환할 수 있었다. 이런 힘은 일찍 일어나 자신의 부정적인 체질을 매일 아침 리셋한 덕택이라고 생각한다. 실패하더라도 굴하지 않고 배우겠다는 의지로 마음을 긍정적으로 바꿀 수 있었던 것도 아침형 생활 덕분이었다고 생각한다.

Chapter 3

철저히 철저히 착각에 빠진 무능력한 사원이었던 나도 아침 시간을 활용하면서 서서히 일이라는 것이 무엇인지 이해하게 되었다. 그러자 주위를 둘러볼 여유가 생겼고, 그때까지 깨닫지 못했던 것에도 시선을 돌리면서 차츰 내 것으로 만들 수 있었다. 나는 '와타미' 와 '외국계 컨설팅 회사' 라는 전혀 다른 업종의 두 회사에서 경력을 쌓았는데, 두 곳 모두 배울 점이 많았다. 그곳에서 배운 것들은 아침 시간을 효율적으로 활용해서 실천에 옮겼고, 그 덕분에 여유가 생겨 아침 시간을 더욱 효과적으로 운용할 수 있게 되었다. 이른바 선순환이 생긴 것이다.

아침 4시 기상으로 챙긴 시간을 업무에 활용하라

01

와타미에서 배운 것, 실천한 것

중요한 일은 머리가 맑은 아침에 정하는 '나 홀로 회의'를 강력 추천!

당시 와타미에는 아침 회의가 엄청 많았다. 아침 7시에 시작해 업무를 시작하는 9시까지 2시간 동안, 결정 사항들을 일사천리로 처리해나가는 회의들이었다. 그중 특이한 것은 '업무 개혁 회의' 였다. 관리직인 매니저급 사원들이 각 점포의 정보를 공유하고 개선점을 토의하는 회의다. 사실 나 같은 말단 사원이 참가할 만한 회의는 아니었지만, 당시에는 방청이라는 형식으로 자발적인 참여가 가능했다.

한정된 시간 동안 각종 문제점에 어떻게 대응할지를 시원시원하게 지시하던 와타나베 사장의 말을 듣고 있자면 그야말로 절묘하다는 생각밖에 들지 않았다. 사원들에게 쉴 새 없이 질문을 던지고 그 자리에서 문제를 해결하려던 모습에서 일종의 집념마저 느껴질 지경이었다. 그리고 당시 와타미에는 직급별 사원 연수도 있었다.

매달 한 번씩 아침 7시에 시작되는 회의에서 '경영 목적'과 '과제 도서'에 대한 보고서를 제출하고, 상사에게 보고서 내용과 평소 업무에 대해 피드백을 받았다. 그 아침 회의에서 힌트를 얻어 나는 지금도 아침 시간에 '나 홀로 회의'를 한다. 아침에 눈을 뜨면 나 자신의 역할(도식화 컨설턴트, 푸드 강좌 강사, 작가, 아내 등)을 하나하나 짚어가면서 과제와 향후 전망에 대해 생각하는 시간을 보내는 것이다. 이 회의는 아침에 하는 것이 관건이다. 저녁에 하면 생각이 너무 앞질러 가는 탓에 미래의 일로 고민에 빠지거나, 낮에 있었던 일로 끙끙대다가 잡념에 빠지는 등 결과적으로 생산적인 발상을 해낼 수가 없다. 하지만 아침에 회의를 하면(업무 시작 시간처럼) 명확한 데드라인이 있기 때문에 몇 시부터 몇 시까지라고 시간의 구분을 긋고 사고하기가 수월하다.

해야 할 일에 '결정적 다짐을 하는' 매일 아침 수첩 활용법

와타나베 사장은 입버릇처럼 '다짐을 하라' 고 말했다. 어느 것 하나 소홀히 하지 말고 확실히 마무리를 지으라는 의미였다. 회의할 때도 문제점이 있으면 바로 '다짐' 하는 것을 방침으로 삼을 정도였다. 와타나베 사장은 그 자신의 일정이나 계획도 날마다 다짐하는 습관이 있었다.

수첩에 스케줄을 적고, 그것을 완수할 때마다 빨간 펜으로 쭉쭉 지워나갔다. 지울 때마다 느끼는 성취감과 아직 할 일이 남아 있다는 '찜찜함' 을 동시에 이용한 것이다. 이 방법을 거울로 삼아 나도 매일 '다짐' 을 하고 있다.

매일 밤 자기 전에 다음날 해야 할 일들의 목록을 작성해 두고, 아침이 되면 그 목록에 따라 업무를 처리하면서 하나씩 지워가는 수첩 활용법이다. 이때 중요한 것은 '전날 자기 전까지, 머리로 생각만 할 것이 아니라 메모해두라' 는 것이다. 나는 수첩에 직접 적지만, PC든 휴대 전화든 그 방법은 각자의 스타일에 따르면 될 것이다.

어쨌든 손을 움직이는 것이 핵심이다. 그런데 왜 이 작업은 아침이 아니라 밤에 해야 할까? 전날 밤까지 '내일 아침에 이런 저런 일을 하겠다' 라고 미리 정해두지 않으면, 아침에 잠에 취해서 결국 '에라 모르겠다' 하는 심정이 될 수 있기 때문이다. 이런 식으로 내일 꼭 해야 할 일들을 '시각화' 하여 마음속에 '걸리는 부분' 을 만들어둔다. 그렇게 해두면 그 걸리는 부분이 아침에 눈을 뜨게 하는 동기가 되고, 게다가 빨간 펜으로 '다짐하는' 횟수가 늘면 그것이 바로 성취감으로 직결된다.

와타미의 강렬한 사훈에 자극받다

와타미의 사훈에 '못한다고 하지 마라' 라는 것이 있다. 또 '한계를 넘어 한 걸음 전진하라' 라는 말도 있다.

어떻게 보면 정신만 잘 차리면 뭐든 가능하다고 강조하는 억지 논리처럼 들릴 수도 있다. 나도 와타미에 적을 두고 있을 당시에는 왠지 피하고픈 문구들이었지만, 외국계 컨설턴트 회사 임원에게 '크리에이티브 점프를 하라' 는 말을 듣고 그 생각이 틀렸다는 것을 깨달았다.

크리에이티브 점프란 기존의 사고방식과 완전히 다른 관점으로 문제를 바라보고 과감하게 뛰어올라 날을 세워서 생각하라는 개념이다. '못한다고 하지 마라', '한계를 넘어 한 걸음 전진하라' 라는 사훈은 '크리에이티브 점프를 하라' 는 문구와 똑같은 의미였던 것이다. 애써도 안 될 일을 체력과 정신력으로 버티라는 말이 아니라 '언뜻 불가능해 보이는 일을 어떻게 하면 가능하게 만들 수 있을지 모든 각도에서 생각하고 궁리하라' 는 의미, 바로 그것이다. 다시 말해 사고를 말랑말랑하게 하기 위한 트레이닝 같은 것이랄까? 사고를 유연하게 하려면 충분히 생각할 시간이 필요하다.

아침 4시에 일어나라. 그러면 9시까지 누구에게도 방해받지 않는 자유로운 5시간을 손에 넣을 수 있다. 그 5시간을 앞으로의 인생에 정말로 중요하다고 생각하는 일에 쓸 수 있다면 그것이야말로 뜻 깊은 일이라고 생각하지 않는가?

'여섯 가지 핵심 요소'를 고려해 '나만의 포트폴리오'를 만든다

와타나베 사장에게 배운 것 중에 '인생의 여섯 가지 핵심 요소'란 말이 있다.

일, 가정, 교양, 재산, 취미, 건강의 여섯 가지 요소가 서로 균형이 잡혀야 비로소 인생이 원활하게 흘러간다는 것이다.

이 가르침에서 나는 '나만의 포트폴리오'라는 힌트를 얻었다.

사전적 의미를 보면 포트폴리오란 ① 투자 신탁 및 금융기관 등 기관 투자가가 소유한 유가증권 일람표, ② 기관 투자가가 자산을 운용할 때 가장 유리한 분산 투자의 선택을 말한다.

즉 '나만의 포트폴리오'란 자신의 장래를 생각했을 때 어디에 투자하고 무엇을 확보해두면 의미 있는 인생을 보낼 수 있을지 계산하고 그에 따라 분산 투자를 하는 것을 의미한다. 이때 핵심 요소를 몇 가지 설정해두어 균형 잡힌 기반을 다지는 것이 중요하다. 그런데 이 각각의 핵심 요소는 동시에 멋들어지게 쌓아올릴 수 없다. 처음부터 균형 있게 쌓아올리는 것은 어려운 일이다.

최근 들어 "자신의 장기를 살려라.", "자신 없는 부분은 남에게 맡겨라." 같은 조언들이 인기를 끌고 있다. 확실히 자신의 장기를 살려 재능을 발휘하는 것도 중요하지만, 자신의 부족한 부분을 보강하는 것도 필요하다고 생각한다.

예를 들어 집을 지을 때 기둥이 하나만 있으면 곤란하다. 굵은 기둥을 여러 개 세워야 비로소 집의 형태를 갖출 수 있다. 인생도 이와 마찬가지이다. 만약 회사라는 커다란 기둥을 잃고 흔들리다가 쓰러진다면……, 정말 끔찍한 노릇이다. 나는 아침 4시에 일어나는 습관을 통해 생긴 여유 시간을 활용하여 나만의 포트폴리오를 작성했다. 그 덕분에 회사를 그만두고 나서 도식화 컨설컨트, 푸드 강좌 강사, 작가 등 여러 가지 일을 두루 할 수 있게 되었다.

아침 시간을 활용하는 것은 인간으로서, 또 비즈니스맨으로서 기초 체력을 단련하는 데 매우 효과적이다. 지금까지는 모든 것이 순조롭게 풀린 회사라 해도 언제 갑자기 망할지 아무도 모르는 일이다. 그런 가운데서도 살아남을 수 있는 인간이 되고 싶지 않은가? 아침 4시에 일어나 굳건한 기둥을 여러 개 세울 수 있다면 앞으로의 인생길에 어떠한 고난이 닥쳐와도 두려울 것이 없다. 그래서 나는 당신 나름의 마이 포트폴리오를 만들어볼 것을 강력히 권한다.

아침 청소로 배운 '로봇화' 기술

2장에서도 언급했지만 와타미 시절에 파견 나가 일했던 자회사의 A사장은 어지간히도 무능력했던 나에게 아연실색한 나머지, 아예 청소부터 철저히 가르치기 시작했다.

지극히 당연한 업무 규칙과 사고방식부터 다시 훈련하지 않으면 분명히 A사장 자신에게 피해가 미칠 것으로 우려했기 때문일 것이다. 회사에 제일 먼저 출근해서 사장이 9시부터 아무 불편 없이 업무에 임할 수 있도록 환경을 만드는 것이 내 역할이었다. 화장실 청소, 바닥 닦기……. 1주일에 한 번은 바닥 전체에 청소기를 돌렸다.

A사장은 '시스템화'가 신조여서 일상 업무에 대해서도 하나하나의 순서를 정해 매뉴얼을 만들었다. 화장실 바닥을 닦는 방법에서 커피메이커에 넣는 원두의 양, 물을 붓는 타이밍과 포트를 씻는 횟수, PC 백업 빈도에 이르기까지 모든 것이

빈틈없이 정해져 있었다. 그 밖에 파일 정리 방법과 수납 방향 같은 작은 부분에도 정해진 규칙이 있었고, 프로젝트가 종료될 때마다 자체적인 시리얼 번호를 붙여 찾기 쉽게 분류하는 것도 규칙 중 하나였다. 누가 와도 지장 없이 일이 진행되도록 아주 세세하게 '시스템'을 꾸며놓은 것이다. 그 매뉴얼에는 세부사항 하나까지도 '왜 그렇게 하는지'에 대한 이유가 달려 있었다. 그러한 규칙은 예외 없이 철저하게 지켜야 했고, 절대로 기분에 따라 규칙을 바꾸는 법이 없었다.

지금이야 비즈니스계에 '시스템화'라는 개념이 일반적인 개념으로 정착되어 있지만, 당시의 나는 그 규칙이란 것에 억눌리는 느낌을 받았다. 나는 그때그때 적당한 방식을 찾아내서 업무에 적용하는 타입이었기 때문에 온갖 의문이 들었다.

"이거, 나를 바보로 아는 건가?"

"이런 것까지 매뉴얼을 만들 필요가 뭐 있어? 안 배우면 모르나?"

"이런 것까진 안 해도 돼!"

하지만 A사장의 답은 이랬다.

"당연한 일조차 철저하게 해내지 못하면서 다른 무엇을 철저하게 하려는가?"

"'이런 경우엔 이렇게' 라는 규칙을 확실하게 정해두지 않으면 유사시에 어떤 판단을 내려야 할지 몰라 쓸데없이 시간을 낭비하게 된다."

그 말을 듣고 나는 예전의 내 업무 방식에 생각이 미쳤다. 점포에서 현장 근무를 하던 시절, 나는 '기분' 에 따라 일을 한 탓에 식자재 발주를 할 때 거의 매일 실수를 저질렀다. 식자재 발주는 점포의 영업이 끝나는 새벽 3시 이후, 가게 청소를 마친 4시경에 했다. 그때 신속하게 발주하지 않고 꾸물거리다보면 발주 마감 시간을 놓치고 만다. 그렇게 되면 '패턴 발주' 가 적용되어 평균적인 종류와 양밖에 안 들어온다. 그런 사실을 알고 있으면서도 나는 항상 어림짐작으로 발주를 했다. 의사소통 능력도 떨어지는 처지라 선배에게 상담도 하지 못했다.

어떤 날은 지나치게 많이 주문한 탓에 재료가 썩어나갔고, 어떤 날은 너무 적게 주문한 탓에 재료가 떨어지는 사태가 벌어졌다. 이런 일이 1년이나 반복되었다. 회사로서는 엄청난 손해였다. 나의 이런 행동 방식은 본부로 돌아가서도 마찬가지였다.

2장에서 언급했다시피 문방구나 우표를 날마다 떨어지게 해서 피해를 입혔다.

"왜 그럴까? 난 정말 안 되는구나……."

그럼에도 그저 끙끙 앓기만 할 뿐, 날이면 날마다 같은 상황을 반복했다. 언제나 계획 없이 닥치는 대로 대처하다보니 실패를 통해 배운다는 것이 불가능했다. 그런 와중에 A사장의 말은 중요한 점을 일깨워주었다.

나에게 필요한 것은 '당연한 일에 당연하게 철저를 기해 아무 생각 없이 무의식적으로 되도록 하는 방법!' 이었다. 내가 마치 로봇이라도 된 양 철저하게 정해진 일을 했던 경험은 이후 한 치의 실수도 없는 업무 처리 능력을 기르는 데 큰 도움이 되었다.

'혼자만의 아침 시간'으로 '효과적인 질문법'을 개발하다

A사장에게 배운 내용 중에 또 하나 남아 있는 것이 있다.

"질문의 수와 내용을 보면 그 사람의 역량을 알 수 있다. 프로는 목표를 꿰뚫어보기 때문에 질문의 양도 많다."

A사장 밑에 있을 때 내가 맡은 일은 와타미 그룹에 배포할

소책자와 홈페이지를 제작하는 것이 주된 업무였다. 하지만 당시 나는 워낙 무능력했기 때문에 제로 상태에서 무언가를 만들어낸다는 것은 애초에 불가능했다. A사장이 생각한 플랜에 대해 사장이 직접 상세하게 지시를 내리면 그것을 하나하나 눈에 보이는 형태로 만들어내는 것이 고작이었다.

하지만 그렇게 상세하게 지시를 받았음에도 나는 그 일을 왜 하는지, 또 그 일을 통해 어떤 결과를 얻을지에 관해 전혀 짐작도 하지 못한 채 의도와는 너무나도 동떨어진 것들만 만들어냈다. 그것은 사장이 추구하는 바와 내가 수행해낸 업무 사이에 간극이 컸기 때문이다. 물론 그 간극을 메우려고 '이해하지 못한 부분에 대해서는 몇 번이고 물어보리라' 고 날마다 다짐을 했다. 하지만 소책자나 홈페이지에 대한 통찰력이 없던 내가 던진 질문들은 그저 프로세스에 관한 단순한 것뿐이었다.

"이 파일은 표지로 돌릴까요?" 라고 질문하면 "그런 것까지 물어보면서 월급을 받아 가면 부끄럽지도 않나!" 라는 날벼락이 떨어졌다. 그래서 시간을 들여 하나하나 질문을 생각해보고 만들어내는 방법을 택했다. 어떻게 하면 조금만 물어보고도 이 고비를 잘 넘길 수 있을까……? 하지만 "산 넘어

산" 이라고, 골똘히 생각하면 할수록 머리는 경직되었다. 덕분에 이번에는 "질문 잘 하겠다고 쓸데없는 시간만 낭비한다." 라는 꾸지람을 들었다. 그래서 그 다음부터는 바로바로 물어보아 사장을 기다리지 않게 하겠다고 생각했지만, 또 "떠오르는 대로 마구 물으면 어쩌나!" 라는 핀잔이 돌아왔다. 결국 이러지도 저러지도 못하고 "도대체 어쩌란 말이냐!" 며 눈물콧물을 짜내기에 이르렀다.

외국계 컨설팅 회사로 이직하고 나서도 질문의 중요성을 실감할 기회가 많았다. 발표할 파워포인트 자료를 순식간에 만들어내야 하니 의문점이 생기면 바로바로 컨설턴트에게 물어봐야 했다. 이때 요령이 없으면 도중에 말을 잘리거나 '그래서 무슨 말을 하고 싶은 거냐?' 라는 눈초리를 받아야 했다. 1분 1초를 다투는 컨설턴트의 마음에 들도록 핵심을 찌르면서 멋들어진 자료를 만들어야 했기에 매일이 전쟁이었다.

컨설턴트들은 고객사의 직원과 그 회사 상품을 사용하는 일반인들을 모아 '포커스 그룹 인터뷰' 라는 것도 자주 개최했다. 참가자 3~10명을 대상으로 좌담회 형식의 인터뷰를 통해 클라이언트의 문제점과 해결책을 찾는 것이다. 이 인터뷰에서 얼마나 중요한 정보를 얻어내느냐에 따라 컨설팅의 질도 좌우된다.

인터뷰 기술을 향상시키기 위한 사내 연수 프로그램까지 있을 정도였으니 그 중요성은 더 말할 나위가 없을 정도다. 이런 것들을 보면서 효과적인 질문법이 업무 능력으로 직결된다는 것을 깨달을 수 있었다. 그런 일련의 과정을 거친 후 내가 '효과적인 질문'을 하기 위해 선택한 단련법은 업무를 시작하기 전 아침 시간에 깊이 생각해보는 것이었다. 능력자들은 업무 시간에도 충분히 가능한 일이었지만 나로서는 무리였다. 그래서 순식간에 질문이 떠오르지 않는다면 업무 외의 시간을 할애해서라도 이 문제를 해결하겠다고 결심했다.

아침 시간을 이용해 과거에 내가 했던 질문들을 돌이켜본 결과, 실패한 질문에는 두 가지 타입이 있다는 것을 깨달았다.

하나는 '질문을 위한 질문'이다.

"그래서 뭐?"

"그런 걸 묻는 이유가 뭐야?"

"찾아보면 알 거 아닌가?"

질문을 위한 질문을 받은 상대방은 틀림없이 이런 기분을 느꼈을 것이다. 상대의 시간을 낭비할 뿐만 아니라 답을 듣는다 한들 자신에게도 아무런 도움이 되지 않는 질문이다. 또 하나는 '대화가 성립되지 않는 질문' 이다. 즉 상대의 사정과 상황은 무시하고 자기 하고 싶은 말만 내뱉는 것이다.

이런 질문은 "나는 이렇게 하고 싶다!" 라는 주장일 뿐, 상대방의 답을 듣고 나서도 더 건설적인 방향으로 흘러가지 못한다. 자신이 물어보고 싶은 내용이 이 두 가지 타입에 해당되는지를 일단 확인하고 스스로 잘못을 지적하고 고친 결과, 점점 질문의 질이 높아지기 시작했다. 이러한 훈련의 성과인지, 그 후로는 일부러 준비하지 않아도 자연스럽게 적절한 질문을 할 수 있었다.

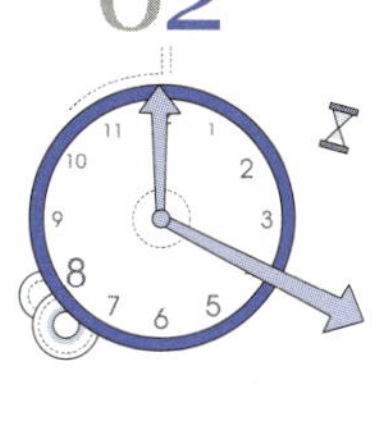

외국계 컨설팅 회사에서 배운 것, 실천한 것

정신적 압박마저 긍정적으로 활용하기

방학은 끝나 가는데 숙제는 손도 대지 않은 상황. 이제라도 속도를 내야 한다. 두근거리는 심정으로 놀라운 집중력을 발휘해서 결국 기한 안에 "숙제 끝~!"을 외쳐본 경험은 누구나 있을 것이다.

회사도 마찬가지이다. 기획서 마감일이 코앞인데다 승진이 걸려 있어서 어떻게든 완성해야만 하는 상황에 몰려 서둘러 만든 기획서가 예상 밖으로 만족스러운 수준일 때가 있다. '그런 집중력을 항상 유지할 수 있다면 얼마나 좋을까?' 라고 생각하는 사람이 나 뿐일까? 사람은 누구나 힘든 순간에 발휘되는 '괴력'이 있다.

나는 외국계 컨설팅 회사에 근무할 때 그 힘을 처음 경험했다. 컨설팅이란 것은 시간과의 싸움이다. 1분 1초를 다투는 정신없이 바쁜 상황에서 일반 기업보다 몇 배나 빠른 속도로 온갖 사항들을 숨 가쁘게 결정해야 한다. 순간적인 판단이 요구되는 그야말로 정신적 압박과의 싸움이다.

외국계 컨설팅 회사에 근무한 경험이 있는 친구들과도 자주 이야기하는데, 일반 회사에서 바쁘다고 하는 정도는 컨설팅 회사와 비교하면 아무것도 아닌 것 같다. 실제로, 대형 보험 회사로 이직한 친구가 주위 사람들은 아무리 허둥지둥 시간에 쫓겨도 자신은 여유가 있다고 말하기도 했다.

와타나베 사장도 기회가 있을 때마다 '365일 24시간 전투태세'를 강조했다. 애쓰지 않고 적당히 일하다보면 여차할 때 전력 질주를 할 수 없다.

"뭐든 적당히 하다보면 항상 그 정도 힘밖에 못 낸다."는 것이다. 짧은 한때라도 죽기 살기로 노력해서 자신의 한계를 초월하는 경험을 해보는 것은 매우 중요하다.

"그것도 해냈는데, 그것과 비교하면 이쯤이야."

이렇게 여러 상황을 비교해 생각할 수 있게 되기 때문이다. 앞서도 언급했다시피 내가 와타미에 근무하던 시절에 제일 싫어한 것이 바로 시간의 압박이었다. 점포의 주방에서 일할 때, 고객의 주문이 연거푸 들어와 차분하게 생각이라는 것을 할 수가 없었기 때문이다. 그런 스트레스에 원래부터 약했던 내가 1분 1초를 다투는 전쟁터 같은 컨설팅 회사에 들어갔다. 마치 기름을 지고 불 속으로 들어간 형국이랄까?

하지만 나는 아침 4시 기상을 통해 매일같이 나를 괴롭히던 시간의 압박을 극복하기 위한 훈련을 실천했다. 그 훈련 덕택에 지금의 자유로운 업무 환경을 마련할 수 있었다. 아침 시간은 '9시 업무 시작 전까지' 라는 데드라인이 있는 시간이다. 즉 그 시간에 얼마나 효율적으로 더 많은 일을 소화하느냐가 관건이므로 '괴력' 이 필요하다.

따라서 이러한 훈련을 지속하는 것만으로도 언제 어디서든 있는 힘껏 자신의 일에 매진할 수 있게 된다.

각종 제약이 창의력을 키운다

컨설팅 회사에 다니던 시절, '괴력'에 버금가는 선배들의 집중력을 보면 매우 흥미로웠다(솔직히 말하면, 항상 조마조마하게 초조함을 느꼈기 때문에 흥미를 느낄 만한 여유는 없었다).

"프레젠테이션까지 일주일 남았으니까 이번 자료는 천천히 만들어요."

오히려 이런 얘기가 나오면 일이 제대로 안 풀렸다. 결국 자료는 출발 10분 전이나 되어야 완성되었다. 그렇다고 해서 오해는 마시라. 일을 질질 끌어서가 아니라 마지막 순간까지도 어떻게든 더 잘 만들려보려고 플랜을 온갖 관점에서 보며 고치고 또 고쳤기 때문이니까.

그런데 재미있게도 '이렇게 직전에 만들어내도 괜찮을까?' 하고 불안하게 여길수록 고객의 반응은 좋았다. 그때 깨달았다. 보통 수준의 정신 상태에서 나온 아이디어는 중간밖에 못 가지만, 위급한 상황에 몰리면 절로 탁월한 아이디어가 나온다는 것이다.

컨설턴트 B씨는 다음날 해외 출장을 가야 해 반드시 그날 안에 만들어야 하는 자료가 있었는데 마무리를 하지 못해서 결국 이동하는 비행기 안에서 필사적으로 완성했다고 한다.

그가 말한 집중법은 이른바 "점보제트 이륙 집중법"이라고 한다. 점보제트기가 이륙을 준비할 때는 컴퓨터를 사용할 수가 없기 때문에 그 시간에는 눈을 감고 자료의 내용을 떠올리며 발전시키는 데 집중한다. 그러다 비행기가 이륙하고 안전벨트를 풀어도 좋다는 신호가 나오는 순간, 잽싸게 컴퓨터를 켜서 자료를 적어나간다. 컴퓨터를 사용할 수 없는 제약 조건을 최대한 활용해서 집중력을 극한까지 끌어올리는 방법이다.

아침 4시 기상으로도 이와 동일한 훈련 효과를 얻을 수 있다. '9시까지'라는 한정된 시간을 이용해 집중하다 보면 시간에 대한 감각이 예민해진다. 매일 아침 마감 시간을 앞둔 사람의 심정이 되는 것이다. 아침마다 마감 시간에 쫓겨서야 어떻게 맘 편히 살겠냐고 생각하는 사람도 있을 것이다. 하지만 쾌감을 느끼게 하는 뇌 내 물질인 도파민은 고통이라는 자극을 받았을 때 만들어진다고 한다.

자신의 작업에 '시간제한을 설정'하고 몰두해서 정한 시간 안에 깔끔하게 작업을 완수하면 기쁨이 극대화되어 도파민이 분비되는 것이다. 업무 시작 시간인 9시는 스스로 설정한 데드라인이다. 이 시간 안에 얼마만큼 일할 수 있는가? 게임을 하듯 자신을 시험해보자. 시간 안에 해결할 수 있을지 자신을 한계 상황까지 몰고 가서 압박하면 가끔은 생각지도 못한 결과를 낳을 수 있다. 단 외부의 힘에 강요받는 것이 아니라 스스로 정한 압박이어야 한다. 그렇지 않으면 도파민이 분비되지 않기 때문이다. 일찍 일어나는 것도 결국 스스로 정한 압박이다.

기상 시간을 정확히 지킬 때 도파민이 분비된다. 그래서 일찍 일어난 날 성취감을 느끼는 것이다.

스스로 데드라인을 선언하라. 큰소리친 후 지키면 된다

컨설팅 회사에 다니던 시절 존경했던 임원 C씨도 아침형이었다. 컨설턴트는 클라이언트를 위해 전력을 다해 두뇌와 육체노동을 한다. 따라서 정신적, 신체적 강인함은 필수조건이고, 말 그대로 24시간 전쟁터를 누비는 것처럼 생활하는 사람들이다.

C씨는 오래전부터 아침형 생활을 해왔다고 했다. 회사 내 지위가 높아지면 충분히 자기 스타일대로 아침형 생활을 유지할 수 있겠지만, 그가 대단한 점은 평사원일 때부터 아침형 생활을 지속했다는 것이다. 어떻게 그럴 수 있었을까? 예를 들어 상사가 밤늦게 미팅을 잡으려 했을 때를 가정해 보자.

그러면 C씨는 밤늦은 시간의 미팅은 자신의 업무 효율 저하로 이어진다는 것을 논리적으로 설명하고, 다시 아침에 미팅을 잡도록 설득했다고 한다. 물론 말만 잘한 것은 아니었다. 일단 큰소리를 쳤으면 그만큼 필사적으로 움직여서 좋은 결과를 내기를 여러 해 계속한 끝에 마침내 지금의 임원 자리에 올랐다는 것이다.

C씨는 정해진 마감 시간보다 하루 이틀 전으로 '자신만의 마감 시간' 을 설정해두고, 그런 사실을 비서와 공유했다고 한다. 마감 시간 직전의 초조함을 좋아할 사람은 아무도 없다. 자신만의 마감 시간을 설정해두고도 머릿속으로 '예비 마감' 이라고 느슨하게 생각해버리면, 결국 실제 마감 시간이 다가왔을 때 허둥거리게 된다. 아마 대부분 사람이 그럴

것이다. 그러므로 일단 자신만의 마감 시간을 정하는 순간 자기 자신과 굳게 약속해야 한다.

C씨에게서 바로 이런 점을 배운 후 나도 원래의 마감보다 하루 이틀 전으로 나만의 데드라인을 정했다.

"이달 중순까지만 하면 되는 일이야."라는 지시가 있어도 "예." 하고 그대로 따르는 것이 아니라 "그럼 15일까지 제출하죠."라고 선언해버리는 것이다. 일단 내뱉은 이상 그 약속을 깨면 몹시 창피할 것이 뻔하다. 이 방법은 바로 그런 창피함을 이용하는 것이다.

아침 시간을 잘 활용하면 상대의 시간도 '존중'할 수 있다

컨설턴트들은 입버릇처럼 "상대에게 부가가치를 부여하라."고 말한다. 경영 전략 컨설턴트라고 하면 똑똑하고, 논리적이며, 얼음처럼 차가운 이미지의 사이보그라고 생각하는 사람들이 있을지도 모르겠다.

나도 컨설팅 회사에 입사하기 전까지는 그랬다. 그런데 막상 함께 생활해보니 그렇지 않았다.

그들은 '뜨거운' 사람들이었다. 고객을 위해 진심을 다해서 열의를 불태우는 인간이었다. 또 흔히 컨설팅 회사는 무슨 일이든 틀에 끼워 맞춰 순서대로 해결한다고 생각하지만 사실은 그렇지 않다. 경직된 설명만으로는, 즉 상대의 마음에 호소할 수 있는 뜨거운 무언가가 있지 않고서는 상대를 움직이기란 어려운 일이다.

나도 처음에는 그들이 얼마나 똑똑하고 논리적으로 일하는지에 관심을 기울였지만, 차츰 컨설팅이란 것은 촌티와 논리성을 겸비하지 않으면 안 되는 일임을 절실히 깨닫게 되었다.

어느 임원이 이런 말을 했었다.

"프레임워크라는 것은 생각을 진행하기 위한 도구에 불과하다. 그 틀에서 벗어나 어떻게 앞으로 나아갈지를 판단하는 것이 우리 임원의 역할이다."

컨설턴트들은 언제나 "나는 지금 고객에게 부가가치를 부여하고 있는가?"라는 것을 자문자답하면서 일한다. 컨설턴트에게 '부가가치를 더하지 못하는 사람' 이라는 평가는 "당신은 있을 필요가 없는 사람이니 그만두시오."라는 말과 같은 의미이다.

하물며 대형 컨설팅 회사는 클라이언트에게 받는 보수도 일반적인 기준과는 수준이 다르다. 컨설턴트 한 사람의 시급이 수십만 원을 훌쩍 뛰어넘을 정도이니까.

다시 말하면 고객에게 그 수십만 원 이상의 이익을 가져다 줄 수 없다면 그만한 대가를 받을 만한 자격이 없다는 말이 된다. 나는 관리 부문이었기에 직접적으로 고객에게 정신적 압박을 받을 일은 없었지만 컨설턴트와 함께 일하는 것만으로도 그들이 얼마나 필사적으로 일하는지 느낄 수 있었다.

자신의 시간 가치를 최대화하려면 전략을 꼼꼼하게 짜야 한다. 그러기 위한 최적의 시간이 바로 아침 시간이라고 생각한다. 아침에는 상대의 시간을 빼앗지 않아도 되기 때문이다. 시간이라는 것은 생명을 깎아서 만들어내는 것이다. 사람들은 흔히 아무 생각 없이 시간을 쉽게 흘려보내지만, 곰곰이 생각해보면 '시간이 흐른다'는 것은 '생명이 줄어드는' 것과 같은 말이다. 그렇게 생각하면 상대와의 약속에 늦는다는 것은 대단히 무서운 일이다. 자신이 상대의 귀중한 시간을 뺏는 것이나 마찬가지이기 때문이다.

내가 존경하는 사람들 중에는 지위가 높을수록 시간에 엄격해서 상대의 시간 활용을 존중하는 이가 많다. 그중 한 사람이 이런 말을 했다.

"오랫동안 대기업의 사장들을 상대하면서 알게 된 것이 있다. 잘난 사람일수록 돈이 아니라 시간을 소중하게 여긴다는 것이다. 그래서 나는 회식 때마다 항상 귀중한 시간을 내주셔서 정말 감사하다고 말한다."

대기업 사장 자리에 있는 사람들은 아주 짧은 시간에도 사원 수천 명의 미래를 좌우할 결단을 내린다. 그렇게 중요한 결정을 내려야 하는 시간은 돈이나 다른 어떤 물질적인 것으로도 환산할 수 없다. 그래서 이 세상의 그 무엇보다 자신의 시간을 귀하게 쓰는 것이다.

아침 시간에는 시간의 압박감이 있어서 엄격하게 시간 관리를 할 수 있다. 아침이라는 한정된 상황을 이용해 최대한의 준비를 해야 하기 때문이다. 더욱이 혼자 집중할 수 있는 시간인 만큼 상대의 귀중한 시간을 낭비할 가능성도 최대한 줄일 수 있다.

조간신문을 보면서 전략을 짜라

나는 지금도 아침 30분 동안 닛케이신문의 조간과 전날 석간을 훑어본다. 그러면 세상이 어떻게 돌아가는지와 언론의 논조를 알 수 있다.

전에 컨설팅 회사에 근무하던 시절에는 고객의 업계 상황을 파악하는 것이 제일 큰 목적이었다. 이 작업은 컨설턴트에게 기본 중의 기본이지만, 나처럼 후방 지원 부대라고 할 수 있는 부서의 직원이 그렇게까지 하는 일은 드물었다. 컨설턴트에게는 자신이 담당하는 고객과 관계되는 일들을 깊이 파악하는 것이 당연한 일이다.

지금은 인터넷 덕분에 뉴스며 그 밖의 다양한 세상일을 너무나 쉽게 알 수 있는데도 여전히 신문을 읽는 이유는 간단하다.

고객과의 대화를 풀어가는 실마리를 "오늘 닛케이 읽어보셨어요?" 라는 말에서 찾을 수 있기 때문이다.

컨설턴트들이 반드시 읽는 신문이 〈닛케이〉이기 때문에 그들을 뒷받침하는 입장에 있는 나도 같은 것을 읽어두면 역시 대화가 원활하게 흘러간다.

또 "오늘 닛케이에 이런 기사가 실렸던데, 어제 만든 자료를 수정해야 하지 않을까요?" 처럼 일과 관련해서 활용하면 컨설턴트에게서 '뭔가 다르다' 라는 인정을 받을 수 있다. 때로는 아침 뉴스를 보고 나서 자료를 완전히 새롭게 만들어야 하는 프로젝트도 있다.

"고객의 사업 방침에 변화가 생겼으니 분명히 자료를 다시 만들어야 할 거야. 그럼 오늘은 종일 바빠서 눈코 뜰 새 없을 테니 평소보다 조금 일찍 출근하자."

아침 시간에 신문을 읽으면 이런 판단을 빠르게 내릴 수 있다.

아침에 만든 '나의 크레도credo'

'크레도credo' 라는 것은 리츠 칼튼이 전 사원에게 나눠준 명함 크기의 작은 카드를 말한다(원래는 라틴어로 '신조', '신념' 이라는 의미).

거기에는 스태프들의 행동 지침이 적혀 있다. 구체적인 내용은 다음과 같다.

"리츠 칼튼은 고객 여러분께 진심 어린 접대와 쾌적한 분위기를 제공하는 것을 가장 중요한 사명으로 여기고 있습니다."

"저희는 고객 여러분께서 따뜻하고 편안하며 세련된 분위기 속에 머무르시도록 최고의 개인 서비스와 시설을 제공할 것을 약속드립니다."

"고객 여러분께서는 리츠 칼튼에서 최상의 편안함과 흡족한 행복감, 그리고 고객님의 마음을 앞서 배려하는 기분 좋은 서비스 정신을 경험하실 것입니다."(http://corporate.ritzcarton.com/ja/About/GoldStamdards.htm에서 발췌)

이 문장들은 구체적인 행동 지침이 아니라 생각할 여지를 주는 추상적인 문구들로 이루어져 있다. 그래서 리츠 칼튼의 사원들은 각자 스스로 이 문구에 대해 생각하고 시행착오를 거치면서 서비스를 수행한다.

나는 이 문구를 읽고 나서 '나도 크레도를 만들자!' 라는 생각을 했다. 나를 나답게 표현하고 나의 기본 방침을 드러내려면 어떤 단어들을 사용해야 할까? 그러자 곧 머릿속에 떠오른 것이 '돌진하는' 이미지였다.

여대를 자퇴하고 타 대학에 다시 입학했고, 와타미에서 외국계 컨설팅 회사로 이직한 후 여유 시간을 이용해 요리 교실을 열고 다양한 자격증에 도전하는 사이, 나는 주위 사람들에게서 '무섭게 돌진하는 타입' 이라는 평가를 얻었다. 그것이 나였고, 이를 바탕으로 탄생한 크레도는 다음과 같다.

- 추구 – 항상 호기심을 가지고 더욱 잘할 것을 추구한다
- 기대치 초월 – 일을 의뢰한 상대의 기대치를 넘어선다
- 스마일 – 항상 웃는 얼굴로 감사의 마음을 잊지 않는다
- 스피드 – 품질과 스피드의 최적의 밸런스를 찾는다
- 역지사지 – 상대의 입장이 되어 사물을 바라본다

돌진하는 나의 이미지를 나타내자고 생각한 것도, 그 세부 내용을 끌어낸 것도 아침 시간이었다.

장소는 회사 근처의 패밀리 레스토랑. 이것도 밤에 생각했다면 길고 억지스럽게 흘러 결국은 온갖 미사여구로 장황해졌을 테지만, 아침에 맑은 정신으로 생각한 덕분에 나의 방향성을 잘 반영할 수 있었다. 지금도 나는 항상 나의 크레

도를 가슴에 품고 일한다.

업무 중에 스트레스가 터질 듯이 쌓일 때 '그래! 나에겐 크레도가 있어!' 라고 생각하면 마음가짐도 새로이 다잡을 수 있다.

물론 때로는 크레도를 너무 의식한 나머지 속도를 내는 데만 치중해 엉성한 결과를 만들어내기도 하고 체력을 금방 소진해 한계에 부딪히기도 했다. 또 나는 기대치를 약간만 웃돌아도 될 것을 괜히 목표를 있는 대로 높게 잡고 그것을 달성한다고 애쓰느라 힘들어하기도 했다.

문제는 그 다음이었다. 기대치를 한 번 크게 뛰어넘고 나면, 그 다음에 이어지는 업무는 그전까지와 비교도 안 될 만큼 높은 수준을 요구받게 된다.

그래서 과중한 압박감에 시달리기도 했다. 그런 날은 잠들기 전에 스스로 자신을 많이 반성했다. 그런데 반성을 하다보면 어느새 그것이 후회로 변질되고 잠도 잘 이룰 수 없었다.

그래서 방법을 바꾸었다. 전날의 반성도 아침에 하는 것이다. 밤에 반성을 하면 좌절해서 술을 마시고 불평을 쏟아내기 쉽지만, 아침 시간에는 그럴 걱정이 없다. 특히 아침은 스트레스 지수가 낮다고 알려져 있다.

그러니 독자들에게도 반성의 시간을 아침으로 돌릴 것을 강력히 추천한다.

Chapter 4

아침 시간을 유용하게 활용하면 일을 능숙하게 컨트롤할 수 있고 업무 기술도 향상시킬 수 있다. 하지만 정말 일을 잘하는 사람들은 결코 일만 하면서 살지 않는다. 그들은 '일'과 '휴식'의 균형을 잘 잡는다. '아침 4시 기상'은 최근 등장한 워크-라이프 밸런스(work-life balance, 일과 삶의 균형-역주)를 최상의 수준으로 끌어올리는 데도 효과를 발휘할 것이다.

아침 4시 기상으로 최상의 '워크 - 라이프 밸런스' 를!

지독한 일벌레보다 '일이 놀이, 놀이가 일' 이 되는 사람이 되자

"이런 일을 하려고 살았나?"

"언젠가는 내가 좋아하는 일을 직업으로 삼을 날이 올 거야. 지금 일은 그날을 위한 임시방편에 지나지 않아."

"직업은 어디까지나 돈을 벌기 위한 수단이야. 난 일이 아니라 나 자신을 위해 살 거야."

동료나 후배들은 이런 말을 자주 했다. 나 또한 그렇게 생각하던 시기가 있었다. 그러나 이런 불평들은 자기 자신을 있는 그대로 직시하지 못하고 인정하기 싫어하는 사람들의 변명에 불과하다는 것을 알고 나서는 모든 것이 잘 굴러가기 시작했다. 생각해보라.

예를 들어 업무시간이 9시부터 오후 5시까지라면, 그중에 점심시간이 1시간이라 하더라도 우리는 하루 24시간 중 적어도 7시간, 즉 하루의 30%에 가까운 시간을 일에 투자하고 있는 것이다. 그 30%를 그저 '빨리 안 끝나나?' 하면서 무성의하게 보내는 것과 '그래. 직장에서 배운 걸 생활과 연계해서 뭐든 즐겁게 하자!' 는 생각으로 지내는 것은 크게 다르다.

1년 후, 3년 후, 5년 후에는 분명히 큰 차이가 생길 것이다. 하루의 30%라는 시간을 무의미하게 흘려보낸다면 시간이 너무 아깝다. 그뿐인가? 시간이 아무리 흘러도 '인생이라는 자동차' 의 운전석에는 앉을 수 없다. 조수석에 앉아 운전수를 따라가기만 하는 인생은 너무 시시하지 않은가? 인생의 조수석에서 벗어나려면 먼저 마인드를 바꿔야 한다.

아침 4시에 일어나 자신의 인생을 스스로 컨트롤하게 되면, 조수석에 앉아 운전수에게 자신의 앞날을 맡기던 인생이 자기 뜻대로 가고 싶은 곳을 향해 직접 운전해가는 인생으로 바뀔 수 있다. 언뜻 시시하다고 생각되는 일이라도 자기답게 이루어낼 수 있다.

예를 들어 자료 복사만 하더라도 그렇다. 목적을 고려해

예비 부수의 양을 예상하거나 복사본을 보는 이들의 연령을 생각해 조금 확대 복사를 하는 등의 결정을 내릴 수 있다. 뭔가 지시를 받았을 때 그 지시가 어떤 목적을 위한 것인지 순식간에 알아챌 수 있는가? 그런 능력은 자료 복사 하나에도 나타나는 법이다. 그만큼 세세한 배려를 반복해서 실천하다 보면 "○○ 씨라면 분명히 다른 방식으로 일할 거야."

"○○ 씨한테 맡기면 안심이야."라는 평가가 따라붙을 것이다. 그렇게만 되면 게임은 끝! 일을 자신의 페이스로 끌어당겨 의견과 주장을 자유롭게 펼칠 수 있는 토양을 만들 수도 있는 것이다. 그런 다음에는 자기다움을 살리면서 능숙하고 효율적으로 빠른 시간에 업무를 종료하고, 그만큼 아침과 저녁 시간에 개인적인 시간을 만든다.

요리 교실의 셰프가 조리 실습을 할 때 이런 말을 했다.

"식재료와 조미료를 넣는 순간 반드시 맛을 보세요. 각 과정의 맛이 좋지 않으면 절대 최종적인 맛도 좋을 수가 없습니다. 예를 들어 사람들은 '시작할 때 맛이 조금 새콤하더라도 하다보면 어떻게 되겠지' 라고 쉽게 생각하는데, 그런 일은 절대로 일어나지 않습니다. 즉, 그때마다 바로 수정을 해야 합니다."

이 말은 인생에도 그대로 적용할 수 있다. 일, 취미, 가족과의 단란한 관계, 건강……. 모든 것이 어우러져 맛을 내지 못하면 당연히 인생의 끝 맛도 좋을 수 없다. 도중에 망쳐버린 맛은 나중에 고쳐보려고 해도 고쳐지지 않기 때문이다. 뭔가 잘못되었다고 생각했을 때 곧바로 손을 쓰지 않으면 결국 전체를 망칠 수 있다.

인생도 이와 마찬가지로 '일'과 '생활(놀이)'이 다 맛있지 않으면 맛있는 인생을 기대할 수 없다.

'워크-라이프 밸런스'의 진정한 의미를 알자

최근 자주 화제에 오르는 '워크-라이프 밸런스(일과 삶의 조화)'라는 말을 들으면 어떤 이미지가 떠오르는가? 단순히 단어의 조합만 보면 '일과 생활을 같은 비중으로 배분한다'거나 '일에 대한 비중을 줄여 인생의 여유를 늘린다'는 이미지가 느껴지지 않는가?

"일은 적당히 하고 퇴근 후 자유 시간을 알차게 꾸리자."

"어떻게든 야근을 줄이고 휴식을 취하자."

이런 뜻으로 사용되는 경우도 적지 않은 것으로 알고 있다. 하지만 그것은 본래의 의미를 크게 오해한 것이다. '워크-라이프 밸런스'의 진정한 의미는 '일과 삶에 똑같이 중요한 비중을 두고 같은 시선으로 바라보는 것. 그것을 통해 일과 삶에서 모두 창조력을 발휘하고 인생을 즐겁게 만드는 것'이다.

일본에서 '워크－라이프 밸런스'라는 개념을 널리 확산시키는 데 큰 역할을 한 고무로 요시에小室淑恵 씨도 『새로운 인사 전략, 워크－라이프 밸런스의 개념과 도입법』(일본능률협회 매니지먼트센터)에 이렇게 썼다.

"일에 높은 부가가치를 부여하고 성과를 올리려면 넓은 시야와 인맥이 필요하다. 그것들은 일과 무관한 자리에서 얻게 되는 경우가 많다. 즉, 일 외의 장을 소중하게 활용하면 일도 단시간에 성과를 올릴 수 있다."

"워크－라이프 '밸런스'라는 용어보다 워크-라이프 '하모니'라는 표현이 더 적합하다고 본다."

너무나도 공감이 되는 말이다. 일(워크)을 하는 자신과 생활(라이프)을 즐기는 자신은 동일 인물이다. 양쪽 모두 중시하여 양쪽에서 다 성과를 도출해내는 것, 워크와 라이프의

'밸런스를 잡는' 것이 핵심이다.

능력 있는 사람은 '일'과 '취미'에 모두 적극적이다

주위를 둘러보라. 자기만의 색채로 찬란하게 빛을 발하는 사람들이 있을 것이다. 그들의 공통점은 '일'과 '휴식'에 모두 열심이라는 것이다. 어느 것 하나 건성으로 임하지 않고 온 힘을 다해 즐기며 한다. 그들은 인생을 살아가는 것을 무척 즐거워한다.

초등학교 시절 기억을 떠올려보면, 공부밖에 할 줄 모르는 지독한 공부벌레가 성적은 항상 1등이었던 기억이 난다. 하지만 마지막에 가서는 공부만 할 줄 아는 공부벌레보다 공부도 잘하고 놀기도 잘하는 친구가 더 나은 성과를 얻는다. 내가 이런 사실에 눈을 뜬 것은 고등학교, 대학 때였다.

중고등학교 시절 친구 중에 조치 대학上智大學에 합격한 친구가 있다. 내가 다닌 고등학교는 후쿠시마 현 안에서 진학률이 매우 높은 학교로 손꼽혔지만, 일본 제일로 꼽히는 동경 대학東京大學에는 3년에 한 번, 1명 정도 합격하는 수준이었다. 그래도 와세다早稲田나 게이오慶應, 조치上智 정도는 매년 2명 정도가 합격 소식을 전했다. 그런데 내가 이야기하려는 그 친구는 조치 대학 안에서도 인기학부인 외국어학부 영어학과에 손쉽게 합격했다. 그 친구는 쉬는 시간에 마음껏 학교 안을 돌아다니면서 선생님께 장난도 치는 이른바 말괄량이였다. 하지만 성적은 언제나 최상위권. 교실에서 공부를 시작하면 다른 데는 눈길 한 번 안 돌리고 높은 집중력을 발휘했다. 좀 전까지만 해도 푼수로 보이던 친구의 모습은 어디론가 사라지고 야무지고 빈틈없는 모습만 보였다.

나는 그 친구의 공부 스타일을 보고 머리가 좋은 사람은 공부할 때의 집중력과 놀 때의 집중력이 같다는 것을 깨달았다. 대학에서도 우수한 사람일수록 공부도 잘하고 놀기도 잘했다. 평소에는 농구다, 등산이다, 자원봉사다 하는 일에 시간을 쏟아 붓던 사람이 시험 기간만 되면 돌변해 진지한 얼굴로 공부에 매진하여 떡하니 'A'를 받아가는 모습을 보면, 확실히 그렇다.

당시에는 '저 사람들은 머리가 좋아서 좋겠다. 난 IQ가 낮으니까 애당초 무리야'라고 생각했지만 그건 비겁한 생각이었다. 실은 그런 것이 아니라 그들은 그때그때 상황에 맞는 집중력을 발휘한 것이었다.

컨설팅 회사에 근무하던 시절에 밴드를 만들어 음악을 하거나, 극단에 소속되어 무대에 서거나, 발리 댄스가 프로급이라 쇼에 출연하거나, 컬러 코디네이터 자격으로 상대에게 맞는 색을 진단해주거나, 워킹 강사로 활약하는 등 프로 뺨치는 실력을 갖추어 그 일로도 충분히 밥 먹고 살 수 있을 것 같은 사람들을 숱하게 만났다.

당시 나는 사내 분위기를 활기차게 만들기 위한 프로젝트를 1년간 맡은 적이 있는데, 그때 기획한 것이 바로 그런 '숨은 프로' 들에게 가르침을 받는 각종 강좌였다.

다양한 재능이 있는 사원들에게 1일 강사를 맡겨서 각자의 전문 분야를 가르치는 사내 교양 교실을 열면 모두 환영할 것 같았다. 나도 주말에 빵과 치즈 강좌를 열고 있었기에 그들을 보면서 수업과 관련해 얻는 것이 많았다. 1일 강사를 맡아준 컨설턴트들에게서 강사로서 어떤 식으로 말을 하면 모두 흥미를 느끼며 들어줄지 배울 수 있었던 것이다. 와인 교실과 중국어 교실, 컬리그래피calligraphy 교실 등 이벤트를 개최할 때마다 뭔가 한 분야에 뛰어난 사람은 일도, 취미도 대충하는 법이 없다는 것을 절감할 수 있었다.

그들의 공통점은 '불평 없이 일한다' 는 것이었다. 어떻게 그럴 수 있지? 생각해보면 다른 사람들보다 집중력이 높기 때문이었다. 그들은 일이 바빠 취미를 즐길 시간이 없다고 툴툴거리는 대신, 하고 싶은 열정을 뛰어난 집중력으로 전환해 빠른 시간에 일을 끝내고 여유 시간을 만들어냈던 것이다. 또 지기 싫어하는 성격인 사람도 많았다. 회사 행사에서 그룹 대항 오리엔티어링이나 운동회를 할 때면 모두 하나로 똘똘 뭉쳐 온 신경과 체력을 쏟아 부은 탓에 부상자가 속출할 정도였다.

'이기는' 것에 강한 집착을 보이던 집단을 들여다보면 무엇을 하든 진지하게 부딪치는 에너지가 넘쳤다.

차이는 바로 '자신감'과 '발언력'

"일과 생활, 일과 휴식, 그 어떤 것에도 전력투구하는 그들과 나의 차이는 도대체 뭘까?"

컨설팅 회사로 이직한 후 인턴사원에서 정직원이 되어 업무량이 늘기 시작한 초기에는 일처리가 미숙하고 의사소통도 원활하지 못해 끝없이 야근에 시달리기도 했다. 워크-라이프 밸런스가 제대로 잡히지 않은 전형적인 예였던 나는 한동안 고민했다. 사실 꼭 가봐야 하는 일정이 잡혀 있어도 컨설턴트의 의뢰가 있으면 좀처럼 거절하지 못했다. 고객이 우선시되는 직장이었기 때문에 어쩔 수 없이 야근해야 할 때는 받아들일 수밖에 없었다. 하지만 때로는 정말로 야근까지 해야 하는지 의심스러울 때도 거절하지 못하고 떠안기 일쑤였다. 그럴 때마다 마음이 개운하지 않았고, '왜 이런 일을 해야 하는 거지?' 싶은 마음으로 회사에 남아 있기도 했다. 그 탓에 친구들과의 모임이나 점심 약속을 갑자기 취소해야 하는 일도 빈번해졌고, 친구들은 점차 멀어져갔다. 이런 일이 계속되자 그 좋던 일도 점점 부담으로 느껴졌다.

자신을 희생해가면서까지 일을 해야 하는 이유가 무엇일까……? 그렇게 부정적인 생각을 하기도 했다. 야근을 '강요당한다' 라는 생각이 들었기 때문이다.

그때 한 선배가 눈에 들어왔다. 그 분은 일을 너무나도 잘하고, 컨설턴트와도 대등하게 논쟁했다. 물론 야근도 거의 하지 않고 바로바로 퇴근하면서 매주 월요일에는 반드시 발리 댄스 교실에 참여했다. 나는 그 선배가 일하는 모습을 관찰하기 시작했다. 선배는 컨설턴트와 사이가 정말 좋았고 자신이 생각한 바를 뭐든 시원하게 말했다. 게다가 그것이 본질을 꿰뚫은 파워포인트 프로의 입장이었기에 컨설턴트도 선배의 말을 신뢰했고 그들 사이의 좋은 관계는 계속 유지되었다.

선배는 자신의 능력을 끌어올리고 발언력을 갖추어 자신의 주장을 상대에게 거부감 없이 전달했고, 자신의 능력과 판단력에 프로로서의 자신감이 더해져 있었기에 머뭇거리지 않고 의견을 제시할 수 있었다. 그때 나는 생각했다.

'나는 왜 발언력이 없는가?' 비겁하게도, 그때까지 '나는 그들을 돕는 입장이니까 컨설턴트와 대등하게 논의할 수 없어.' 라고 생각하며 내가 커갈 수 있는 여지를 스스로 제한하고 있었던 것이다.

컨설팅 업계에서는 흔히 수익 발생 부서profit center와 비용 발생 부서cost center라는 말을 사용한다.

수익 발생 부서란 회사의 이익을 직접 창출하는 부서이다. 일반 기업에서 말하는 기획, 경영과 같은 부서를 말한다. 한편 비용 발생 부서란 것은 회사에 직접적인 이익을 가져오는 것이 아니라 반대로 비용을 발생시키는 부서이다. 일반적으로 경리나 총무 등이 이에 해당한다. 따라서 얼마나 비용 발생 부서의 비용을 최소화하고 수익 발생 부서의 이익을 최대화할 것인가 하는 관점에서 전략을 짜야 한다. 즉, 사람들은 그저 '외국계 컨설팅 회사' 라고 뭉뚱그려서 말하지만, 일선에서 뛰는 컨설턴트(=수익 발생 부서)와 내가 속해 있던 관리 부문(=비용 발생 부서)과는 업무의 내용이나 급여 및 대우 측면에서 큰 차이가 있었다. 아마도 그래서 '내가 하는 일은 결국 부수적인 부문인 걸.' 이라는 비겁한 생각을 하고 있었던 것 같다.

그러던 어느 날, 나는 그 생각을 바꾸기로 했다. 남들은 비용 발생 부서라고 부르지만 나 자신은 수익 발생 부서 못지않은 자긍심을 가지고 일하자고 결심한 것이다.

'경영 전략을 책정하는 힘이나 논리적인 사고 능력은 컨설턴트에 뒤떨어질지 모르지만, 적어도 파워포인트나 그래픽에 관해서는 컨설턴트보다 압도적인 지식과 지혜가 있다. 그러니 쓸데없이 비겁해질 필요는 없다!'

비겁해진 원인은 바로 자신감 부족이었다.

끙끙대고 고민하는 성격은 천성이니 어쩔 수 없다 해도, 지금까지의 경험상 일찍 일어나면 끙끙거리지 않아도 된다는 것을 알지 않는가! 새로운 결심이 서자 나는 또 한 가지 깨달음을 얻을 수 있었다.

에너지가 넘치는 아침 시간에 '자신감' 을 키우고 '발언력' 을 쌓자는 생각이었다. 와타미 시절부터 다시 시작된 새벽 기상 습관은 내 머릿속에서 '아침 4시 기상 = 적극적인 상태' 라고 이미 각인되어 있던 터였다.

자신감을 키우려면 지금 하는 일을 철저하게 하자! 그렇게 해서 자신감을 얻으면 발언력도 붙을 것이다. 그럼 자연히 나만의 자유 시간도 늘어나겠지! 이렇게 결심하고 아침 시간을 나에 대한 투자의 시간으로 설정한 후 생각하는 시간을 늘렸다.

제2장에서도 언급한 업무 시작 전 30분은 나에게 아주 중요했다. 파워포인트 활용 기술을 향상시키는 책, 상사가 쓴 책, 관련 잡지 등을 통해 업무 능력을 키우려는 노력을 하면서 끊임없이 내가 무엇을 해야 할지를 생각했다.

그 밖에도 의사소통 능력에 자신이 없었기에 그와 관련된 비즈니스 분야 서적, 부하 양성에 관한 책, 상사와 잘 통하는 방법을 가르쳐주는 책 등을 읽었다. 그뿐만 아니라 회사의 특성을 생각해 논리적 사고와 전략 사고에 관해 다룬 책도 자주 읽었다. 그리고 책에서 본 내용을 나의 구체적인 행동에 반영해 매일의 비즈니스 현장에서 직접 적용했다. 덕분에 나도 언제부턴가는 앞서 언급한 그 선배처럼 컨설턴트들에게 내 생각을 주장할 수 있게 되었다.

결과적으로 업무 능력 평가도 좋아졌고, 취미 생활도 전문가 수준으로 끌어올릴 수 있었다. 더욱이 아침 4시 기상으로 취미 생활과 일이라는 두 마리 토끼를 다 잡으면서 '안정'과 '여유'라는 부산물도 얻었다.

예를 들어 일이 잘 풀리지 않아 좌절할 때 취미를 떠올리면 마음의 평정을 되찾을 수 있었다. 반대로 취미 생활에서 고비를 맞을 때도 확고한 일의 성과를 올리고 있는 나를 떠올리면 다시 자신감과 활기를 되찾을 수 있었다. 즉, 일과 개인 생활 속에서 정신적 균형을 잡아갈 수 있었던 것이다.

02 일을 즐기기 위한 작은 비결

큰소리와 허풍도 하나의 전략이다

내가 좋아하는 말 중에 "Fake it till you make it." 이라는 문구가 있다. '가능해질 때까지 가능한 척하라' 는 의미이다. 그러나 결코 허세를 부리라는 말은 아니다.

'여유가 있는 척하면서 필사적으로 그 여유로운 자신을 따라잡으라' 는 뜻이다. 스스로 자신에게 한계를 설정하고 '난 이 정도밖에 안 된다' 라고 생각하는 사람이 꽤 많다.

컨설팅 회사에 근무하던 시절에도 "난 파워포인트밖에 못하니까 이것 말고는 내세울 게 없어."

"이직을 한다 해도 이런 부서는 컨설팅 회사에만 있는 거라서 결국 선택의 폭이 너무 좁아."

이렇게 말하는 동료들을 많이 봤다. 내가 보기에 컨설턴트와의 협상 능력, 파워포인트의 정밀도와 테크닉, 인격, 배려 어느 것 하나 모자랄 것 없는 사람들도 마찬가지였다. 볼 때마다 '진짜 아까운 사람인데' 하는 생각이 들었다.

나는 주제넘은 짓이란 걸 알면서도 "Fake it till you make it."을 슬로건으로 삼아 항상 허풍을 치고 본다. 그리고 허풍을 친 만큼 그 내용을 실현하기 위해 필사적인 노력을 기울인다. 그 노력의 결과를 거둘 수 있는 원동력은 아마 아침 4시 기상일 것이다.

앞서 이야기한 '사내에 활기를 불어넣기 위한 프로젝트'는 상사에게서 '한 번 해볼래?' 하고 권유를 받은 것이 계기가 되었다. 그 프로젝트는 업무 시간 외에 미팅이 잡히기도 했고, 임원들과 협상도 해야 하는 등 귀찮은 일거리가 많았다. 아마 상사에게 '한 번 해볼래?' 라고 권유받지 않았다면 자진해서 맡을 생각은 하지 못했을 것이다. 하지만 어차피 나한테 제의가 들어온 일이니 뭔가 이유가 있을 거라고 생각해서 "해보겠습니다!" 라고 단번에 대답해버렸다. 또 이왕 할 거면 내 취미 생활과 일에도 도움이 될 만한 기획을 해보자고 생각하기에 이르렀다. 뭐 좋은 게 없을까? 그러던 차에 문득 떠오른 것이 '사내 교양 강좌' 였다. 그 이벤트를 통해 얼핏 귀찮을 것 같더라도 자신의 흥밋거리와 연결시키다보면 자신에게도 도움이 된다는 것을 배웠다.

이 경험 덕분에 그 후로 무슨 권유를 받았을 때 이거 괜찮겠다 싶으면 무조건 응하고 보는 습관이 생겼다. 해보지도 않고 나중에 후회하는 것보다는 우선 해보고 나서 후회하는 편이 단연코 낫다. 설사 실패를 맛보더라도 나중에 분명히 그 일에서 교훈을 얻을 수 있을 거라고 믿기 때문이다.

아침 4시에 일어나는 습관을 들이고 나서는 '준비할 수 있는 시간은 충분히 있다' 라는 자신감을 얻었기 때문에 열심히 해서 간신히 성공할 만한 일이라면 미래의 자신에게 먼저 '성공하겠다' 고 약속부터 하고 보는 작전을 쓰는 것이다.

빵 만들기 교실을 열게 된 계기도 "해야죠!" 라는 선언에서부터 시작되었다. 나는 대학 시절부터 요리 교실을 여는 것이 꿈이었다. 컨설팅 회사에서 인턴사원으로 일하던 시기에는 빵 만들기에 푹 빠져 제빵학원을 다니며 제빵 강사 과정을 수료했다. 덕분에 그 학원의 노하우를 전수받을 수는 있었지만 아직 강사로서 직접 가르쳐본 경험은 전혀 없는 상태였다. 그럼에도 언젠가 한 번은 꼭 강사로서 가르치고 싶다는 생각에 개인 홈피 프로필에 '제빵 강사 자격증 소지' 라는 문구를 넣어두었다. 그것을 본 학원 관계자가 나에게 연락을 해왔고 그것이 계기가 되어 강사의 꿈을 이루게 된 것이다. 그런데 수업을 하고 싶다는 생각은 가득해도 실제로 사람들 앞에서 말하는 것은 너무 어려웠다. 때문에 제안이 들어왔을 때 약간은 망설였다.

'내가 정말 맡은 바 임무를 다할 수 있을까?' 하지만 어렵게 찾아온 기회를 외면하고 싶지는 않았다. 그래서 '못할 것 같으면 수업 당일까지 할 수 있게 만들면 되지!' 라고 마음을 고쳐먹었다. 그 제안을 받아들인 덕택에 결과적으로 강사로서의 화술뿐만 아니라 많은 것을 얻었다.

- 참가자들의 질문에도 대답할 수 있게 되었고, 끊임없이 공부하고 노력하는 굳은 마음을 키웠다
- 참가자들이 좋아할 만한 재밌는 레시피를 생각해내는 상상력을 키웠다
- 강좌를 여는 구체적인 노하우를 얻었다

당시의 경험은 현재 집에서 주최하는 강좌에도 도움이 되고 있다. 치즈 강좌를 열 때도 비슷한 사정이 있었다. 치즈 강사로서 데뷔한 것은 치즈 프로페셔널협회에서 주최한 대규모 이벤트로 참가자가 30~50명이나 되었다. 제빵 수업을 하면서 남 앞에서 말하는 데 조금은 익숙해졌지만, 그 경우는 참가자가 8명 정도였다. 하지만 치즈 프로페셔널협회가 주최한 이벤트는 참가자가 그 몇 배나 되었고, 지식수준도 높은 이들이 대부분이었다. 게다가 그중에는 이미 관련 강좌를 열고 있는 전문가도 포함되어 있었다. 그런 사람들을 앞에 두고 강의를 한다는 것이 당시의 나에겐 충분히 무모하다고 할 만한 일이었다. 그야말로 주제넘은 짓이었다.

하지만 "해봐야죠!"라고 큰 소리를 친 것이 매일 새벽에 일어나 공부하는 데 동기부여가 되었고 나중에는 책임감 있는 임무 수행으로 이어졌다.

"할 수 있습니다.",

"하겠습니다."라는 말에는 물론 책임이 따른다.

큰소리를 쳐놓고 그에 걸맞은 행동을 보여주지 않으면 신용을 잃을 위험도 크다. 그러나 '마감 선언'과 마찬가지로 한 번 선언하고 나면 그 선언에 걸맞은 자신이 되기 위해 노력할 수밖에 없다.

어떻게 하면 기대만큼 보답할 수 있을지 필사적으로 연구하게 된다.

자신의 영역을 넓히기 위해 식탁을 소중히 여긴다

4시에 일어나 아침 시간을 효율적으로 사용하면 일처리 능력이 높아져 일을 빨리 끝낼 수 있다. 또 그런 만큼 자신의 취미 생활에 충분히 시간을 쏟을 수 있다.

그런데 한 가지 잊지 말아야 할 것이 있다. 취미 생활을 위해 무언가를 배우러 다니고 공부하는 것도 물론 매우 좋은 일이지만, 가끔은 회식 자리에 참여하거나 가족과 여유 있는 식사를 즐기는 데 그 시간을 사용하는 것도 대단히 중요하다는 사실이다. 절대 그 시간이 아깝다고 생각하지 말자. 함께 식사하고 회식에 참여하는 데 쏟는 시간이 취미를 즐기는 시간과 폭을 더욱 넓히는 기회를 줄 수도 있다.

나는 2005년에 일본기념일협회에 5월 9일을 '고쿠고쿠'의 날로 정하자는 제안을 해서 인정받은 바 있다('고쿠고쿠'

란 일본어로 액체를 들이킬 때를 묘사하는 의태어 '벌컥벌컥' 이라는 뜻도 있으면서 '5, 9, 5, 9' 를 읽은 소리이기도 하다 – 역주). '봄볕이 기분 좋게 내리쬐는 5월 9일에 집에서 혹은 야외에서 맥주를 벌컥벌컥 들이키며 상쾌함을 맛보자' , '물이 부족한 지역 사람들도 물을 마음껏 벌컥벌컥 마실 수 있는 물 환경을 만들자' 라는 목적으로 제안해 인정받은 것이다.

"애주가라 날마다 맥주만 마시던 사람이 웬 물 환경?"

이런 질문도 많이 받았다. 사실 맛있는 맥주를 만드는 데는 많은 양의 물이 필요하다. 우리가 맥주를 마음껏 마실 수 있는 것도 물 환경이 제대로 정비되어 있는 덕분이다.

지금도 세계에는 깨끗한 물조차 만족스럽게 마시지 못하는 환경에 사는 사람들이 많다. 그런 사람들에게 술꾼들도 조금은 기여할 수 있지 않을까 하는 생각을 한 것이 시작이었다.

매년 5월 9일에 오프라인 모임을 열고 적은 금액이나마 거기에서 얻은 수익을 NGO 단체를 통해 수자원이 열악한 수단이나 아프가니스탄에 기부하고 있다. 이 기념일을 통해서 다양한 만남과 성장의 기회도 얻었다.

첫 모임에 참가한 분 중에 우연히도 일본주 관련 회사의 사장님이 계셨다. 대화가 무르익자 사장님께서는 그 다음해 '고쿠고쿠의 날' 에 협찬을 해주시기로 약속하셨다. 이벤트에 관해 전혀 무지했던 나는 그 일을 겪고 나서 다음과 같은 사항들을 깨달았다.

- 손님들은 그저 술을 마시는 것으로 만족하지 않는다. 무언가 이벤트가 필요하다.
- 모처럼 '고쿠고쿠' 라는 이름도 붙였으니 회비(5,959엔)와 개최 시간(5시 9분) 등 모든 면에서 '고쿠고쿠' 를 표방한다.
- 내 개인의 이름으로 주최하면 모르는 사람들은 불편할 수도 있으므로 제대로 된 회사의 협력을 얻고 '실행위원회' 를 만드는 것이 좋겠다.

또한 나는 맛집 순례도 좋아해서 매일 관련 정보를 찾고 있다. 마음에 드는 가게는 몇 번이고 찾아가 '멋진 단골' 이 되려고 한다. 내가 생각하는 '멋진 단골' 의 조건은 다음의 네 가지이다.

①가게 직원들에게 감사하고, 그 마음을 말로 전한다.

②단골 티를 내지 않는다.

③ 손님들로 북적거리거나 바쁜 시간대에는 오래 머무르지 않는다.
④ 가게에 친한 친구를 데리고 가서 그 가게에 단골손님을 많이 만들어준다.

이 네 가지를 지키다보면 자연스레 가게 사람들과 사이가 좋아진다. 그것을 계기로 식재료 생산자를 만나기도 하고, 다양한 직업에 종사하는 사람들과 알게 되거나 업무 관계로 손을 잡게 되기도 해서 자신의 영역을 점점 넓힐 수 있다.

취미와 일의 경계가 허물어지면 주위에서 일어나는 일들이 무엇이든 즐겁게 다가올 것이다. 그뿐인가? 그런 모든 일을 통해 비즈니스의 힌트를 얻을 수도 있다.

씨를 뿌리는 전략적 대화

아침 4시에 일어나 일과 취미의 경계를 허물게 되면 그 능력을 발휘하고 싶어 안달하게 되기 마련이다.

컨설팅 회사에 근무하던 시절, 인트라넷을 통해 사원들이 자신의 프로필을 게재하는 공간이 있었다. 특별히 꾸미지 않고 가볍게 기재하는 공간이었기 때문에 나는 '전 직장은 와타미입니다.', '술로 에너지를 충전시킵니다.', '일본주, 와인, 치즈 관련 자격증이 있습니다.' 등의 내용을 올려놓았다.

나와 접촉하려는 컨설턴트들은 우선 내 얼굴을 확인하기 위해 인트라넷에 접속했다. 겉보기에는 아주 참하고 얌전한 타입이라 평소에는 눈에 잘 띄지 않는 사람인데 프로필을 보면 전혀 다른 이미지가 떠오르기 때문인지 처음 대면할 때 신기하게 쳐다보는 경우가 많았다.

또 '술'을 화제 삼아 다양한 이야기도 오갔다. 컨설턴트는 고객과 회식하는 일이 많은 까닭에 와인에 대해 잘 알고 싶어 하거나 와인을 좋아하는 사람이 많다. 그들의 입을 타고 사내에 내가 술에 대해 잘 안다는 소문이 퍼졌다. 그러면서 프로젝트가 끝날 때 열리는 디너파티에는 어느 식당이 좋을지, 특히 좋은 술을 마실 수 있는 식당은 어디인지 등을 물어보는 횟수도 빈번해졌다. 나에게는 좋은 기회였다. 평소 하고 싶었던 맛집 개척을 할 수 있는 절호의 찬스이기도 했기 때문이다. 덕분에 회사 사람들과의 커뮤니케이션에도 크게 도움이 되었고, 나의 지식도 더욱 늘어났다. 나중에는 임원 비서들이 문의를 해오기도 했다.

"○○님의 승진 기념 선물로 와인을 준비하려고 하는데 어떤 와인이 좋을까요?"

이런 문의가 들어올 때마다 공부를 쉬어서는 안 되겠다는 자극을 받았고, 적절한 와인을 골라주고 나면 내 주가도 올라갔다. 또 주말에 여는 제빵 강좌에 대해서도 슬쩍 말을 흘리고, 기회가 있을 때마다 직접 만든 빵을 가지고 갔다. 그렇게 맛을 보여주면 강좌에 참가하는 이들이 늘어나는 부수 효과가 있었다.

여담이지만, '고쿠고쿠의 날' 프로모션은 회사의 회식이 있던 날 임원의 옆자리에 앉아 화제로 꺼냈다가 공짜로 귀한 컨설팅을 받기도 했다. '컨셉은 이미 정해졌는데, 앞으로 좀 더 인지도를 높여가고 싶다. 물 환경에도 공헌하고 싶다. 그런데 무엇부터 시작해야 할지 모르겠다.

어떻게 하면 좋을지…….' 가볍게 던진 질문이었지만 돌아온 답변은 구체적이었다.

"갑자기 개인이 언론 홍보를 하겠다는 생각은 접는 것이 좋다. 그보다는 한 개인이 큰 목표를 가지고 활동한다는 입소문을 낸 후, 결과적으로 언론이 인지하고 먼저 접근하도록 하는 편이 나을 것이다."

그 조언에 따라 먼저 '고쿠고쿠의 날' 공식 블로그를 개설했다. 그랬더니 어느새 내 계획은 입소문을 타고 퍼져 맥주 회사의 공식 사이트에서 인터뷰 요청도 받았다. 내 취미에 대해 씨를 뿌리고 다녔더니 '엉뚱한 한 개인의 프로젝트'가 전략 컨설턴트 중에서도 톱클래스인 컨설턴트에게 컨설팅을 받는 상황까지 간 사례라고나 할까? 회사를 나와 독립하고 나서도 서로 다른 업종 간의 교류회를 열거나 세미나를 개최할 때 자연스럽게 음식 관련 이야기를 화제로 삼으면 생각지도 못한 기회가 창출되었다.

우연히 만난 카페 주인은 자신의 카페에서 치즈 강좌를 열어달라고 했고, 초콜릿 수입 업체 사장은 와인과 초콜릿에 관한 세미나를 열자고 제안했다.

'뿌린 대로 거두는' 묘미가 바로 이런 것이 아닐까?

Chapter 5

4장에서 '워크-라이프 밸런스' 라는 개념에 대해 기술했는데, '워크' 와 '라이프' 를 같은 비중으로 바라보는 것의 중요성은 머리로는 이해가 되어도 몸에 익숙해지지 않으면 일상생활에서 좀처럼 실천하기가 어려운 것이 사실이다. 그런 점에서 컨설턴트들이 이용하는 기술, 내가 직접 도전해보고 효과를 검증한 도구 및 기구들이 실질적인 도움이 될 것이다. 이것들이 업무를 효율적으로 처리하는 데 작은 힌트가 되기를 바라면서 5장을 시작하고자 한다.

일과 생활을 멋지게 융합하기

01 수첩을 활용한 스케줄 관리

'일'과 '취미'를 함께 기록하라

일과 생활의 '융합'을 피부로 실감하면서 실천하려면 일 관련 스케줄과 취미 관련 스케줄을 같은 수첩에 기록하는 것이 중요하다.

업무용과 취미용 수첩을 나누어 관리하는 사람도 있는데, 그러다보면 어쩔 수 없이 업무를 우선시하고 간간이 짬이 날 때 사적인 스케줄을 끼워 넣는 식이 되고 만다.

도쿄 이토이 시게사토 사무소(東京糸井重里事務所, 웹사이트

'호보니치' 의 운영사 – 역주)나 구글, 믹시(mixi, 일본의 인터넷 커뮤니티 – 역주) 같은 회사는 의도적으로 회사 차원에서 근무시간 중에 놀이 시간을 포함시켰다고 한다. 그만큼 놀이라는 것이 중요하다는 의미이다. 누구나 머리를 싸매고 고민할 때는 아무런 아이디어도 떠오르지 않다가 편안하게 목욕하거나 영화를 볼 때, 혹은 친구와 술 한잔 하는 중에 퍼뜩 참신한 아이디어가 떠오른 경험을 해본 적이 있을 것이다. 그래서 위의 회사들이 일과 놀이를 동급으로 취급하는 것이다.

'일 때문에 언제 짬이 날지 모르니까 평일에는 술자리나 데이트 약속을 잡지 말자…….' 라는 생각을 한다는 것은 이미 무능력한 비즈니스맨이라는 증거다. 술자리 같은 개인적인 스케줄도 가능한 한 처음부터 동등한 스케줄로 넣어두는 것이 핵심이다.

단, 이때의 포인트는 약속을 엄선하라는 것이다.

'그다지 내키지는 않지만 안 가면 의리상 마음에 걸리는데…… 어쩌지?' 잠깐이라도 이런 고민이 드는 약속이라면 단칼에 잘라내는 것이 좋다. 그런 일로 관계가 뒤틀린다면 그 관계는 그 정도 수준밖에 안 된다고 생각하면 된다. 마음이 내키지 않는 약속까지 모두 잡아버리면 그 시간을 내기 위해 미친 듯이 시간을 관리한 자신이 한심해지는 순간이 올 것이다. 무리하게 시간을 만들어낸다고 하더라도 문득 '실은 별로 가고 싶지 않았는데……' 라는 생각이 들면 정신 건강에도 별로 좋지 않고, 초대해준 상대에게도 실례가 된다.

반면에 진심으로 필요하다고 생각되는 사적인 약속은 일과 동등한 비중으로 취급해서 스케줄에 넣어두면 그 일정을 소화하기 위해 열심히 일처리에 힘을 쏟게 된다.

개인적인 약속도 중요하므로 아침 시간을 더욱 효과적으로 이용하게 될 것이고, 결과적으로 작업 효율이 몇 배나 증가할 것이다.

'오늘 모임은 절대로 빠지지 않겠다!' 라는 집념이 있으면 일도 술술 잘 풀린다는 것을 기억하자.

일적인 목표와 개인적인 목표를 함께 기록한다

제1장에서 언급한 대로 사람은 써놓은 것에 걸맞은 행동을 하고 싶어 한다. 그래서 수첩에 적는 행위는 자신을 향한 선언이 되고, 그 선언을 어떻게든 실행하

기 위해 자신에게 압박을 가한다. 나아가 그 압박이 좋은 방향으로 작용하면 꿈은 이루어진다.

나는 해마다 연말이 되면 다음해의 목표를 이미 이루어진 것처럼 단정적으로 수첩의 첫 페이지에 적어놓는다. 작은 일이든 큰일이든 간에 생각한 것은 모두 적는 것이 원칙이다.

그리고 매일 아침 그 내용을 읽어본다. 한참 바라보면서 그 목표를 실현하려면 어떻게 해야 할지 구체적인 이미지로 떠올린다. 그렇게 하면 신기하게도 연말에 목표의 70~80%는 달성했다는 것을 알 수 있다. 달성한 목표는 붉은 펜으로 지우는데, 이렇게 지워나가는 쾌감은 시간이 지나도 도저히 잊혀지지 않는다.

그날그날의 목표도 마찬가지다. 당일의 목표는 물론이고 사적인 일정, 예를 들면 쓰레기 처리나 우표 구입 같은 일들도 전부 동등하게 함께 써둔다. 어떻게 되든 상관없는 일, 목표라고 말하기는 어렵지만 그렇다고 잊고 지나갈 수도 없는 일들도 같이 적어둔다. 금방 끝나버릴 일들이라도 그 일정을 하나하나 쓰고 지우는 과정에서 성취감을 맛볼 수 있기 때문이다. 그러면 '제대로 해냈다!' 라는 만족감을 느끼며 맘 편히 잘 수 있고, 아침에도 상쾌한 기분으로 일어나는 선순환이 이루어질 것이다.

기록할 때는 그 목표가 다음의 네 가지 중에 어디에 해당하는지 판단하고 네 가지 색 볼펜으로 색을 구분해서 적도록 한다.

- 먹고 살기(긴급하고 중요한 일) - 초록
- 씨 뿌리기(긴급하지는 않지만 중요한 일) - 빨강
- 일과(긴급하지만 중요하지 않은 일) - 파랑
- 즉흥(긴급하지도, 중요하지도 않은 일) - 검정

내 방법을 예로 들면, 이 책의 집필과 가족 및 중요한 친구와의 저녁 식사는 빨강, 도식화 컨설팅 및 아침 시간의 이벤트 개최 준비는 초록, 매일 하는 청소와 세탁은 파랑, 일과 관계없는 인터넷 서핑 등은 검정으로 구분한다.

여러 가지 일을 적기는 하지만 '전부 달성하자!' 는 생각으로 죽을힘을 다하지는 않는다. '80% 정도 성공했으면 잘한 거야!' 라는 생각도 대단히 중요하다. 만회할 부분을 남겨두는 것이다. 그렇지 않으면 전부 성공하지 못했을 때 좌절할 수도 있다. '80%만 달성하면 아주 잘함.' 설령 예정한 일을 그날 안에 전부 끝내지 못했더라도 마지막에 아귀가 맞기만 하면 된다고 자신을 조금씩 풀어주는 것도 아주 중요하다.

수첩의 To do 리스트는 4색 볼펜으로 색을 구분한다

- = 즉흥 (검정)
- = 일과 (파랑)
- = 씨 뿌리기 (빨강)
- = 먹고 살기 (초록)

May 7-13 2010 Ⅰ Ⅱ Ⅲ Ⅳ

May						
S	M	T	W	T	F	S
					1	2
3	4	5	6	7	8	9
10	11	12	13	14	15	16
17	18	19	20	21	22	23
24	25	26	27	28	29	30

June						
S	M	T	W	T	F	S
		1	2	3	4	5
6	7	8	9	10	11	12
13	14	15	16	17	18	19
20	21	22	23	24	25	26
27	28	29	30			

	Monday 4 Q	Tuesday 5 Q	Wednesday 6 Q
8	대지 택배 알아볼 것	일의 전체 흐름 마인드맵→도식	PPC tops #1 #2 #3 생각할 것
9	DE 씨 상담 IK 씨의 PPC 대강안 작성		
10		마루캐리 참가	919 prj의 ppt 준비도식
11		블로그 갱신세미나 대금	
12			
1	지난 달 영수증 정리 새벽 조찬 취소	W the W +5959 실현 가? 생각	드라이클리닝 가지러 갈 것
2			
3	참가		AB ppt 대강안 도식
4		책 리서치소믈리에 협회 문의→요금 입금	
5	PC 백업 우체국에서 우표 50엔 2장 80엔 3장 메일 매거진 포맷 작성		환전 확인네일숍
6		NK댁@치토세서마야마 빵 효모→목요일 완성	
7			
8			
9		고쿠고쿠의 날 사전 리마인드 메일	
	Daily Tasks	Daily Tasks	Daily Tasks

마음에 드는 수첩을 찾자

최근에는 온라인으로 스케줄을 관리하는 사람도 많은데 나는 예전부터 쭉 수첩을 들고 다녔다. 요즘은 아이폰을 비롯해서 간편하게 휴대할 수 있는 단말기들이 많이 나와 있고, 온라인상에서도 구글 캘린더(구글이 제공하는 온라인 스케줄 관리 툴) 등 무료로 스케줄을 관리할 수 있는 툴도 많다. 그럼에도 나는 수첩이 좋다. 그 이유로 다음과 같은 세 가지를 들 수 있다.

1. 갑자기 아이디어가 떠올랐을 때 부팅 시간을 기다리지 않고도 바로 적을 수 있다.
2. 마음에 드는 문구와 장래 목표 등을 적어두고 언제나 쉽게 펼쳐보며 목표를 가깝게 느낄 수 있다.
3. 손으로 쓰면 기억에 깊이 남는다.

수첩을 고를 때는 매일 몸에 지니고 다녀야 하는 것이므로 마음에 드는 색, 촉감 등을 꼼꼼히 따지는 것이 좋다. 행운의 색으로 준비하는 것도 좋을 것이다. 행운의 색이 따로 없다면 스스로 정하는 것도 좋을 듯하다. 나는 오렌지색을 좋아한다. 오렌지가 '비타민 컬러' 라는 말이 있듯이 보고 있으면 활기가 도는 색이기 때문이다. 게다가 우연이기는 하지만 지금 살고 있는 집의 주방이 오렌지색이라는 이유도 있다. 그 컬러로 인테리어의 색상을 맞췄더니 왠지 운이 좋아지는 듯한 기분이 들었고, 그 후로 쭉 오렌지색을 내 행운의 색으로 생각하고 있다. 행운의 색을 주위에 두면 무슨 일이든 잘 풀리는 느낌이 들고 마음이 안정되니 참 신기한 일이다.

그런데 여기서 말하듯이 '그런 기분이 든다' 는 것은 중요한 부분이다. 마음에 드는 수첩을 생각이 날 때마다 펼쳐보라. 마음에 드는 색깔이므로 밤에 잠들기 전에 보면 마음이 가라앉을 것이고 아침에 펼쳐보면 에너지가 샘솟을 것이다.

그런데 혹시 '이 수첩에는 나의 모든 것이 적혀 있으므로 분신과도 같은 것이니 깨끗하게 써야 한다' 고 생각하는 사람이 있을지 모르겠다. 하지만 사실은 그 반대로 해야 한다.

자신의 일정을 파악하기 위해 자기 전에 목표를 확인하고, 아침에 일어나서 그 목표를 실행하기 위한 스케줄을 확인하는 데 사용하는 것이 수첩이다. 따라서 무엇이 쓰여 있는지 자신만 알아보면 되는 것이다. 다른 사람에게 보이기 위한 물건이 아니므로 스스로 알아볼 수 있는 범위에서 점점 손때를 묻혀가자. 나는 수첩의 날짜 칸만 깨끗하게 남기고 그 외에는 개의치 않고 그날그날의 스케줄 아래에 to do 리스트를 마음껏 적는다.

내가 좋아하는 수첩은 프랭클린 코비 재팬의 '7가지 습관 플래너' 라는 수첩인데 최근 3년 동안 사용하고 있다. 이 수첩에 대형 문구점 긴자 이토야에서 산 오렌지색 가죽 커버를 입혔다.

개인적으로는 조금 작은 듯한 느낌이 드는 기록란과 종이의 질이 약간 불만이지만 『7가지 습관 : 성공에는 원칙이 있었다!』(스티븐 R. 코비 저)라는 책에 나온 명언과 주장이 여기저기에 소개되어 있어서 책을 읽지 못한 사람도 그의 주장을 이해할 수 있게 구성되었다. 또 이 '7가지 습관 플래너' 에는 한 주의 시작 페이지에 '1주일 나침반' 이라는 칸이 있다.

이것은 일과 생활에서 자신이 맡고 있는 역할의 목록을 작성하기 위한 것이다. 한 가정의 안주인으로서, 회사원으로서, 상사로서…… 다양한 역할을 수행하는 가운데 이번 주에는 어떤 역할에 가장 큰 비중을 둘지, 그 밖의 역할에서는 어떤 목표를 달성할지 하는 것들을 생각할 수 있는 페이지이다. 월요일 아침에 이 수첩으로 자신의 역할과 우선순위를 확인하면 무엇을 먼저 해야 할지 고민할 필요가 없다. 그 결과 일과 생활에균형이 잡히도록 알차게 꾸릴 수 있게 될 것이다.

수첩은 가장 중요한 기밀문서가 될 수 있으므로 요주의!

수첩은 가지고 다니는 것이므로 깜빡 잊고 놓고 다니거나 잃어버릴 염려가 있다. 즉 회사의 기밀정보 등이 새어나갈 가능성도 있다는 것이다.

비즈니스 세계는 정보라는 '소프트웨어' 가 바로 승부를 가르는 중요한 열쇠이다. 그중에서도 특히 컨설턴트의 세계는 정보 취급에 매우 엄격한 주의를 요구한다. 고객의 기밀정보가 오가는 세계이므로, 정보가 조금이라도 외부에 유출되면 회사의 신뢰도에 큰 타격을 입는 결과가 초래된다.

그래서 고객에게 자료를 가지고 갈 때도 두랄루민이라고 불리는 금속 서류가방을 이용한다. 또 프로젝트에 관계없이 주식 매매도 엄격하게 제한을 받는다. 동료에게조차 쉽게 고객의 이야기를 할 수 없도록 금지되는 곳이기도 하다. 회사에서 만든 자료를 집으로 가져가는 것도 당연히 금기 사항이고, 책상 위에 자료를 두고 다닌다는 것은 상상도 할 수 없다.

가치가 사물에서 정보로 옮겨가는 현대 사회에서 '정보가 가장 중요' 하다는 관점은 앞으로 점점 확대될 것이다. 그러므로 소속사나 거래처의 신뢰를 잃지 않기 위해서라도 만에 하나 남이 보게 되면 곤란한 정보를 수첩에 적을 때는 다음과 같은 사항에 주의해야 한다. 이것은 전략 컨설턴트에게는 상식에 해당한다.

- 고객의 이름을 그대로 적으면 안 된다.
- 구체적인 업무 내용에 대해서도 모호하게 적는다.

다만 그렇게 하면 본인도 못 알아볼 가능성이 있다. 따라서 쉽게 기억하기 위한 나만의 비결이 필요하다. 내가 생각해낸 것은 이름 하여 UDN(우동)전략어법이다. 포인트는 두 가지.

- 고객의 간판 상품의 첫 글자에서 기호를 떠올려 기록한다(예를 들어 라면가게일 경우 RMN, 규동 전문점이라면 GDN).
- 고객 회사의 사장 및 담당자의 특징적인 외모에서 기호를 떠올린다(예를 들어 안경을 쓰고 키가 크면 GLS, Tall).

처음에는 귀찮을 수도 있지만 익숙해지면 자기만 알아볼 수 있는 비밀 이름을 만드는 것이 재미있을 것이다. 또 긴 문자를 일일이 적지 않아도 되기 때문에 기록 속도가 빠르다는 것도 장점이다.

일정을 술술 적어 내려간다는 느낌도 좋고, 무엇보다 이 방법은 기밀 관리에 요긴하게 사용할 수 있다. 여담이지만, 나는 술자리에도 수첩을 들고 간다. 취중진담이란 말도 있듯이 사람들을 관찰하는 데는 더할 나위 없이 좋은 자리이다. 또 취하면 명언이 나오기도 하고, 깊은 함축이 있는 말을 하기도 한다. 메모해두지 않으면 취기 탓에 잊어버리기 쉬우므로 독자 여러분도 술자리에서 수첩을 활용하는 것을 습관으로 삼기 바란다(단, 만취 상태에서는 괴발개발 갈겨쓸 가능성이 크므로 나중에 해독이 어려울 수 있다. 또한 절대 수첩을 술자리에 두고 귀가하는 일이 없도록 주의하자!).

온라인상의 캘린더를 활용하자

구글 캘린더를 결과 검증에 사용

나는 수첩을 활용한 스케줄 관리뿐만 아니라 '구글 캘린더' 도 병용한다. 다만 나는 구글 캘린더에는 미래의 예정이 아니라 과거에 일어난 일을 기록한다. 즉 자신이 그날 하루 어떤 일에 시간을 썼는지 결과를 검증하는 수단으로 쓰는 것이다. 다 끝난 일을 검증하는 이유는 무엇인가? 바로 자기 자신의 성장을 위해서이다.

컨설팅 회사에 근무하던 시절에는 'PDCA 사이클을 돌린다' 라는 말을 자주 썼다. P=Plan(계획), D=Do(행동), C=Check(평가), A=Action(행동)을 반복하면서 업무를 개선한다는 의미이다.

구글 캘린더에 일정을 기록하고 그 수행 결과를 확인하는 작업이 Check에 해당한다. 모처럼 아침 시간을 이용해 장래 계획을 세우고 자신에게 투자했더라도 그 투자의 결과가 자신에게 어떤 식으로 돌아오는지 확인하지 않으면 아무 의미가 없다. 효과가 있었는지 여부를 돌아보고, 반성할 점이 있으면 궤도를 수정할 필요가 있는 것이다. 그 과정이 없다면 그저 스케줄을 소화했다는 자기만족에 그칠 뿐 자신의 성장으로 이어지지는 않을 것이다. 이렇게 돌아보는 작업은 물론 수첩을 가지고도 할 수 있다.

그런데 수첩에 기록하면 어느 요소에 몇 시간이 걸렸는지 계산하는 데 시간이 소요된다. 반면에 구글 캘린더를 활용하면 하루 동안 수행한 활동의 종류가 색깔별로 구분되어 한눈에 알아볼 수 있고, 어느 작업에 몇 시간을 썼는지도 쉽게 알 수 있어 나중에 결과의 검증이 수월해진다. 포인트는 다음의 두 가지다.

• 여러 가지 색깔을 쓸 수 있다

• 색을 구분한 내용에 대해 각기 소요된 시간을 쉽게 계산

할 수 있다

구체적인 순서는 다음과 같다.

1. 잠자리에 들기 전에 구글 캘린더에 '먹고 살기', '씨 뿌리기', '일과', '즉흥'의 네 가지 항목을 각기 색깔을 구분해서 만든다. 들고 다니는 수첩과 색을 맞추려면 4색 볼펜을 쓰는 것이 좋을 것이다. 앞서 수첩과 관련하여 언급했듯이 나는 '먹고 살기=초록', '씨 뿌리기=빨강', '일과=파랑', '즉흥=검정'으로 색을 구분한다. 구글 캘린더에서는 화면 좌측의 '마이 캘린더'에서 색을 바꿔 네 가지 항목을 만든다.
2. 자신의 활동이 이 네 가지 중 어디에 해당되는지 판단하면서 기록한다.
3. 일요일 밤에 지난 일주일을 돌아보고 '씨 뿌리기'와 '즉흥'이 얼마나 늘고 줄었는지 그 전 일주일의 스케줄과 비교하면서 확인한다.
4. 그 검증 결과를 감안해 내일 아침부터 실행할 항목을 수첩에 적는다.

그럼 그 네 가지 요소를 자세히 살펴보자.

• 먹고 살기 – 프로젝트 관리, 매일의 회의, 급한 전화 등
• 씨 뿌리기 – 사업 계획 작성, 장래를 위한 공부, 운동, 몸에 좋은 음식, 믿을 만한 사람과의 교류, 가족과의 유대 관계
• 일과 – 입금 확인, 일부 메일 답장, 청소와 세탁
• 즉흥 – 무의미한 인터넷 서핑, 술자리

이 중에서 제일 시간을 내기 어려운 것이 '씨 뿌리기'다. 사람들은 대부분 '먹고 살기'와 '일과'라는 긴급 사항에 휘둘린다. 그 일들이 좀 안정되고 한숨 돌릴 만하면 겨우 생긴 시간을 '즉흥'에 사용한다. 이것은 귀중한 인생을 낭비하는 것이다. '씨 뿌리기'는 자기도 모르게 소홀해지기 쉬운 항목이지만 사실은 인생에서 가장 중요하게 해야 할 일이다. '씨 뿌리기'에 쏟는 시간이 늘면 늘수록 자신의 장래에 대해 잘 생각할 수 있게 되고, 바빠지는 근본 원인을 규명해 대처할 수 있기 때문이다.

그러면 '먹고 살기'와 '일과'에 휘둘리다가 녹초가 되는 일도 없어지고, 그 결과 '즉흥'에 해당되는 항목을 향해 도망치는 일도 없어진다. 매일 캘린더에 색을 구분해서 기록하다보면 자신이 어디에 얼마만큼의 시간을 쓰고 있는지 한눈에 알 수 있다. 이 검증 방법을 시도하면 아침 시간은 그야말

로 '씨 뿌리기' 라는 것을 몸소 알 수 있을 것이다. 아침 시간에 '씨 뿌리기' 를 나타내는 빨간색 항목들을 죽 열거하고 있는 장면은 떠올리기만 해도 가슴이 뛴다. '씨 뿌리기' 의 빨강색이 늘어날 때마다 '즉흥' 의 검정색이 줄어드는 것도 한눈에 파악할 수 있으므로 성취감을 맛보게 될 것이다.

아침은 '씨를 뿌리는' 시간. '씨를 뿌리는' 시간이 늘어날수록 인생은 충만해진다.

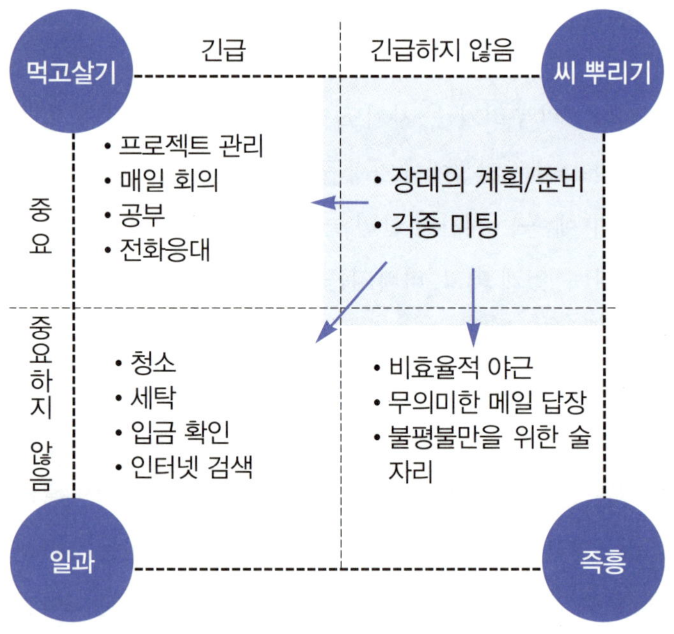

사생활 보호는 문제없을까?

온라인상의 캘린더를 사용해 정보를 다루다보면 혹시라도 기밀 정보가 샐 우려는 없을까?

지금까지 언급한 캘린더 사용 방법은 자신의 '과거'를 기록해 시간 사용법을 검증하기 위한 것이므로 '○시에○사에서 약속'과 같이 자세하게 적을 필요가 없다. 그러므로 사생활이 유출될 우려는 없다고 볼 수 있다.

예를 들어 '먹고 살기' 항목에서는 '사내 미팅'이라고만 적고 색을 입히면 되고 '씨 뿌리기'는 '독서'라고 적기만 하면 되므로, 그 정도로 기밀 정보가 샐 일은 없을 것이다. 꼭 특정 명칭을 넣고 싶다면 앞서 수첩 사용법에서 설명한 UDN(우동)법으로 변환시키면 안전을 보장할 수 있을 것이다.

03

기타 상품 활용법

모바일 PC로 틈새 시간을 효과적으로 활용

요즘은 일 때문에 노트북을 들고 다니는 일이 흔하지만 나는 틈새 시간을 취미에 활용하기 위해 노트북 컴퓨터와 데이터 통신 카드를 들고 다녔다.

사무실에서는 데스크톱 PC로 일하기 때문에 PC를 들고 다닐 필요가 없었다. 그러나 개인 PC를 들고 다니면 언제 어디서든 서재에 있는 것처럼 내 볼 일을 볼 수가 있다. 시간 활용을 중시하는 나에게는 매우 중요한 사실이다. 업무 시작

전과 점심시간, 술자리 시작 전처럼 짬이 날 때 기획을 하거나 인터넷으로 정보를 검색했다. 독립하고 나서는 일거리도 들고 다니게 되었다. 사무실은 도심에 있는데 오후에 교외에서 약속이 잡혀 있고 저녁에는 회식이 예정되어 있다면 도중에 사무실로 돌아가는 것은 귀찮은 일이다. 그럴 때는 모바일 PC를 이용해 언제 어디서든 일할 수 있는 태세를 갖춘다. iPod으로 주위 잡음을 차단하면 집에 있는 시간보다 집중이 더 잘 되기도 한다.

최근에는 모바일 PC용 전원을 쓸 수 있는 카페나 패스트푸드점도 있으므로 약속 장소를 미리 조사해서 그 근처에 전원을 확보할 수 있는 가게를 찾는다.

한 가지 주의할 것은 주위에 자신의 업무 내용이 드러날 가능성이 있다는 점이다. 취미와 관련된 경우에는 얼마든지 보여줄 수도 있다. 그러나 지금은 고객에게 의뢰 받은 일거리도 있기 때문에 정보 유출 방지 차원에서 옆에서 훔쳐보려고 해도 모니터 내용이 보이지 않게 해주는 PC용 모니터 보호 시트를 필수 아이템으로 챙긴다. 이 보호 시트를 모니터에 붙이면 예를 들어 뒤쪽 사선 방향에서 내 모니터를 보더라도 작업 내용을 알아볼 수 없어 걱정할 필요가 없다.

나는 고쿠요에서 나온 '훔쳐보기 방지용 보안 필터' 라는 것을 사용한다. 카페나 패스트푸드점에서 컴퓨터를 마주하고 있는 비즈니스맨들의 모습을 자주 보는데, 여기까지 신경 쓰는 사람들은 아직 적은 것 같다.

회사 기밀을 매일 들고 다닌다는 것을 명심하고 모니터에 보호 시트를 붙일 것을 권한다. 또 당연한 일이지만 개인 PC를 들고 다니면서 일을 하면 혹시 잃어버리거나 도난당했을 때 큰 타격을 입게 된다. 공개적인 장소에서 테이블 위에 PC를 켜둔 채로 자리를 뜨는 사람을 자주 보는데, 절대 귀찮다고 내팽개치지 말고 화장실에 갈 때도 반드시 챙기도록 하자.

IC 레코더의 의외의 활용법

몸을 움직이면 기분 전환에도 도움이 되지만 '생각할 시간' 으로서도 최고의 효과를 발휘한다. 전에도 말했지만 나는 아침에 집 주위를 달리는 것을 일과로 삼고 있다.

처음에는 호놀룰루 마라톤 대회 완주와 다이어트가 목적이었는데, 달리기를 시작하자 많은 아이디어가 샘솟았다. 운동을 오래 지속한 적이 없던 나에게 그것은 완전히 새로운 발견이었다. 다만 기억력이 문제였다. 모처럼 쓸 만한 아이디어를 떠올려도 집에 도착하기도 전에 머릿속에서 사라진 지 오래였다. 그럴 때면 정말이지 분한 마음이 들 정도이다. 그래서 다음번에는 잊지 않으려고 달리면서 몇 번이고 반복해서 되뇌었지만, 다시 새로운 아이디어가 떠오르면 역시 어느새 기억 저편으로 사라졌다. 이래서는 도저히 안 되겠다 싶어서 생각해낸 것이 IC 레코더. 작은 메모장을 가지고 다닐까 생각도 해봤지만 글을 적으려면 멈춰 서야 한다는 문제가 있었다.

IC 레코더는 달리면서 생각난 아이디어가 아무리 많아도 그 자리에서 바로바로 녹음할 수 있다. 물론 평소 업무를 수행할 때도 잘 활용하고 있다. 작가로서 인터뷰를 하고 취재하러 다닐 때도 IC 레코더는 톡톡히 제 몫을 해낸다.

보통 다른 작가들은 인터뷰를 할 때 상대의 말을 놓치지 않으려고 사용하지만, 나는 그런 목적 외에 내가 질문을 잘 하고 있는지, 이상한 소리를 해서 원래 목적에서 벗어나지는 않았는지 확인하는 목적으로도 이용한다. 사실 아직도 질문하는 것이 어렵게 느껴지는 터라 준비가 부족하면 엉뚱한 질문을 하거나 이야기를 비약해버리는 경향이 있다. 그래서 취재가 있는 날은 아침 시간을 활용해 충분히 준비하고, 리허설까지 마치고 나서 실전에 임한다. 나 같은 사람에게는 그야말로 딱 좋은 도구다.

생각하기도 질렸다면 '전자 사전'으로 기분 전환

아침에는 아무것도 방해하는 요소가 없으므로 계획이나 일정을 짜고 전략을 세우는 데 적합하다는 말을 여러 번 반복했다.

그러나 아침이 아무리 생각하기 좋은 시간대라고 해도 끝없이 생각만 계속하다보면 그것도 지치게 마련이다. 이런 때를 위해 생각할 필요가 없는 작업을 일정에 끼워 넣으면 기분 전환을 할 수 있다. 나는 평소 가방에 단행본과 가벼운 읽을거리를 한두 권 넣고 다니다가 생각하기 싫을 때 가볍게 훑어보거나 전자 사전에 들어 있는 국어사전을 무작위로 넘겨가며 의미를 확인한다. 긴장도 풀면서 새로운 지식도 얻을 수 있어 자주 실천하는 편이다. 이런 방법으로 기분 전환을 하게 된 것은 와타미의 자회사 A사장의 이야기를 듣고 나서부터이다.

"자네는 말을 더 중요하게 생각해야 되겠네. 사전을 열심히 찾아보면서 올바른 말을 쓰도록 하게." '보고', '연락', '상담' 도 구별해서 사용하지 못하고 그저 닥치는 대로 일을 처리하던 때 받은 따끔한 주의였다.

'자기 나라 말을 정확하게 쓰는 건 너무나도 당연하지 않은가?' 그렇게 생각하면서도 막상 '보고', '연락', '상담' 의 의미가 어떻게 다른지 묻는 질문에 한 마디도 대답하지 못했다. 평소 내 국어 실력을 의심한 적이 한 번도 없던 나에게는 충격이었고, 그 후 습관처럼 사전을 펼쳐보게 되었다.

또 예상 밖으로 재미있고 공부도 되는 방법이 '유의어 사전' 을 보는 것이다. 컨설턴트들의 입버릇 중에 "결정화結晶化하라."는 말이 있다. 하고 싶은 말을 간략하게 정리하고 압축해서 상대에게 전달하는 훈련이다.

파워포인트를 이용한 자료를 작성할 때도 상대에게 정보를 되도록 간결하고 알기 쉬우며 효과적으로 전달하기 위해

'결정화' 기술이 필요하다. 길고 장황한 문장을 어떻게 간략하게 손질할지 생각할 때 유의어 사전을 활용한다는 이야기를 컨설턴트에게 듣고 무릎을 쳤던 기억이 난다. 평소에도 유의어 사전을 활용하면 어휘가 늘 수밖에 없겠다는 생각이 들어서였다. 그 후로는 나도 평소 쓰는 말을 더 효과적으로 전달할 다른 표현이 없을지를 생각하게 되었다.

지금은 고객사의 사업 내용을 도식화해서 제안하는 '도식화 컨설턴트'를 본업으로 삼고 있는데, 그 업무를 할 때도 표현을 간결하고 알기 쉽게 만들기 위해 자주 유의어사전을 들춰본다. 어휘력이 풍부해지면 일에 도움이 되는 것은 물론이고 개인적인 용무에서도 의사소통을 원활하게 할 수 있다.

최근 일본 젊은이들을 예로 들면 '맛있다', '위험하다', '감동했다'를 '야바이やばい'라는 한 단어로 대체하는 경향이 있는데, 유의어 사전을 찾아보면 각 단어를 대체할 다른 말을 수십 가지는 찾을 수 있을 것이다. 놀랍지 않은가?

iPod로 언제 어디서나 공부

걸어 다닐 때나 달리기를 할 때, 지하철을 탈 때, 점심을 혼자 먹을 때…… 언제든 시간을 허비하지 않고 공부할 수 있게 도와주는 도구로는 iPod이 최고라고 생각한다.

나는 외국에서 오래 살다 온 학생들이 많은 대학을 나왔고 외국계 컨설팅 회사를 다닌 경력까지 있다 보니 사람들은 내가 아무 어려움 없이 영어를 구사할 수 있을 거라고 자주 오해한다. 하지만 사실 나는 영어를 그렇게 잘하는 편이 아니다. 일반적인 관점에서 보자면 그럭저럭 할 줄 아는 편에 속할지 모르지만 외국계 회사 직원으로서는 절대 내세울 만한 수준이 아니다.

대학 시절에는 이대로는 안 되겠다 싶어 《히어링 마라톤》이라는 월간 통신 교재를 1년간 공부한 적이 있다. 당시는 카세트테이프를 쓰던 시절이라 워크맨을 이용해 듣기 훈련을 했다.

학교까지 버스로 20분, 도보로는 40분 정도 거리에 살고 있었기 때문에 운동을 겸해서 도보로 통학하며 매일 왕복 80

분을 히어링에 투자했다. 사실 매월 제출하는 테스트도 동봉되어 그 문제의 답지를 우편으로 보내면 채점 결과를 받아볼 수 있는 서비스였지만, 게을렀던 나는 테스트는 항상 패스하고 그저 듣고 흘리기만 했다.

그런데 그저 듣기만 했는데도 토익 점수가 매번 서서히 오르더니 1년 만에 200점이나 뛰어 올랐다. 정말 입이 다물어지지 않는 결과였다.

돌이켜보면 대학 입시를 준비하던 시절에 단어를 대량 외워둔 것도 도움이 되었겠지만 매일 빼먹지 않고 영어를 접한 것이 주효했다는 생각이 든다.

그 후 와타미에 입사하고 나서 영어와는 담을 쌓고 살다가 외국계 컨설팅 회사로 이직했다. 3년 이상 영어 사용에 공백 기간이 있는지라 영어 못하는 사원으로 낙인 찍혀갈 무렵이었다.

어느 날 교환 파견 형식으로 한국인 컨설턴트 한 명이 1년 동안 일본에 머물렀다. 하는 수 없이 1년 동안 그와 매일 영어로 의사소통해야 했다. 영어에 자신이 없었던 나는 처음에는 매일 도망 다니다시피 하면서 어떻게든 말을 하지 않고 일을 끝내려 했다. 하지만 물론 그런 상황이 허락될 리 없었다. 외국계 회사 직원으로서 창피한 일이었다.

그래서 과거에 성공 경험이 있는 《히어링 마라톤》에 다시 한 번 도전하기로 했다. 그 교재는 시사적인 내용을 많이 다루었기에 매일 설레는 마음으로 짬을 내어 들었다. 플레이어는 워크맨에서 iPod으로 바뀌었지만 전처럼 아침 출근 시간과 점심시간을 꾸준히 히어링에 투자했다.

그 결과, 나중에는 그 한국인 컨설턴트와도 의사소통을 할 수 있게 되어 대단히 좋은 관계를 유지할 수 있었다.

아침에 'iPod+전자 사전'을 활용하면 영어 실력이 눈에 띄게 향상된다

대학 시절보다 진화된 공부 방법이 바로 전자 사전을 병용하는 것이다.

대학 시절에는 입시 공부의 효과로 머릿속에 많은 양의 어휘가 쌓인 상태였기 때문에 사전을 그렇게 자주 찾지 않아도 문제될 것이 없었다. 그런데 사회인이 되고 나서 영어와 담을 쌓은 채 몇 년간 지내다보니 들은 적은 있지만 어떤 의미였는지 기억이 가물가물한 단어와 숙어가 너무 많았다.

'모르는 부분은 모르는 채로 그냥 넘어가서는 안 된다. 그것이 공부를 잘하는 사람과 못하는 사람의 차이다.' 라는 지론이 있던 나는 알쏭달쏭한 단어가 나올 때마다 즉각 찾아보기로 했다.

그래서 선택한 것이 캐논에서 나온 전자 사전 wordtank IDF-2100다. 이 사전을 고른 이유는 세 가지이다.

- 전원을 켬과 동시에 사용할 수 있다(들어서 모르는 단어도 금방 찾을 수 있다).
- 작고 가벼워서 들고 다니기가 편하다.
- 쓸데없는 기능을 쏙 뺀 모델이라 작동이 간편하고 가격도 싸다.

요즘은 사전 ○권 분량이라든지 네이티브 스피커의 발음이 지원된다든지 하는 여러 가지 편리한 기능을 제공하는 사전도 많다. 언젠가는 쓸 일이 있겠지 싶어서 기능이 많은 제품을 사더라도 결국 자주 사용하는 기능은 2~3개 정도밖에 안 되는 것은 대부분 마찬가지일 것이다. 그럴 거면 처음부터 목적에 따라 필요한 기능만 갖춘 것을 사는 편이 지갑 사정에 부담을 주지 않는다.

결론을 이야기하자면 이렇다. 사전과 iPod을 매일 가지고 다니면서 틈새 시간을 낭비 없이 사용하는 것이 바로 내가 영어 실력을 늘리는 비법이다.

또 하나 추가하자면 영어 실력을 늘리는 데는 영어 오디오북이 효과적이다. 이때 포인트는 모국어로 읽은 적이 있는 책, 더욱이 좋아하는 책을 고르라는 것이다. 그러면 무슨 내용인지 대충 알 수 있어서 성취감도 얻고 영어 표현력도 늘릴 수 있다.

필자는 iTunes로 다음과 같은 오디오북을 구입해 자주 듣고 있다. 『Hoe to win Friends and Influence People』, 『The seven Habits of Highly Effective People』 이 두 권은 내가 아주 좋아하는 자기 계발서이다.

영어를 공부하면서 성공 법칙까지 배울 수 있는 멋진 방법 아닐까?

iPod으로 집중력을 유지하라

이런 식으로 매일 iPod을 사용하여 오디오북, 클래식 같은 기악곡, 가사가 있는 노래를 잘 구분해서 들으면 집중력을 유지하는 데도 크게 도움이 된다.

예를 들어 '지금부터 시작!' 이라고 기합을 넣을 때는 바그너를 듣는다. 특히 iTunes로 다운로드해서 듣는 'The best of Wagner(폴란드 국립방송교향악단 & 슬로바키아 방송교향악단)'이 좋다. 이 앨범에 들어 있는 〈뉘른베르크의 마이스터징거〉의 후렴구를 듣기만 하면 내 안의 스위치에 전원이 들어오면서 '좋았어! 시작하자!' 라는 기분이 발동된다. 뭔가를 들으면서 작업을 할 때도 주위 소리가 전혀 들리지 않을 만큼 집중도가 높아질 때가 있다.

심리학자 미하이 칙센트미하이Mihaly Csikszentmihalyi는 이것을 'Flow 체험' 이라고 명명했다. 이 Flow 체험을 길게 유지할 수 있으면 일의 질도 높다고 한다.

그래서 필자가 이 Flow 체험을 장시간 유지하는 비법을 소개한다.

일을 할 때도 음악이 아니라 말이 나오는 오디오북을 듣는 것이다. 처음에는 자기 생각을 방해받는 기분이 들지만 잠깐만 참다보면 말이 전혀 귀에 들어오지 않는 정도까지 집중도가 높아진다. 말이 귀에 들어오지 않는 순간 지체 없이 조용한 음악으로 바꿔보라. 그러면 집중력 향상에 속도가 붙으면서 Flow 상태를 더 오래 유지할 수 있다.

이 훈련을 하면 소란스러운 찻집이나 패밀리 레스토랑에서 일할 때도 집중력을 오래 유지할 수 있다. 평소 오디오북을 들어 '소란스러운' 환경에 익숙해지도록 하고 그것을 당연하다고 받아들임으로써 시끄러운 장소에서도 거부감 없이 일에 집중할 수 있는 상태를 의도적으로 만드는 방법이다.

04 아침, 효율적으로 준비할 방법을 고민하라

아침 준비를 효율적으로

항상 출근 시간에 빠듯하게 눈을 뜨는 사람 중에는 식욕도, 시간적 여유도 없어 아침 식사를 거르는 이가 많다. 확실히 기상 직후에는 위장 운동이 그리 활발하지 않다. 하지만 아침 4시에 일어나면 회사 업무가 시작될 때까지 5시간, 점심 식사 때까지 8시간이나 있기 때문에 자연히 공복감을 느끼게 된다. 시간도 충분하므로 꼭꼭 씹으며 여유 있게 맛을 음미할 수도 있고, 여성이라면 화장을 여유 있게 끝낼 수도 있다. 그런데 어렵게 얻은 귀중한 아침의 여유를 몸단장이나 식사에 너무 많이 할애하는 것은 아까운 노릇이다. 제일 중요한 '생각할' 시간을 확보하려면 되도록 의미도 있고 효율적으로 준비하는 것이 좋다.

그런 의미에서 나는 다음의 방법들을 쓴다. 매일 아침 현미밥을 먹는데, 주말에 미리 한꺼번에 짓고 조금씩 나누어 냉동 보관한다. 먹을 때는 전자레인지가 아닌 찜기에 찌고, 그동안 화장 등 몸단장을 한다. 화장이 끝날 즈음이면 갓 지은 고슬고슬한 현미밥을 먹을 수 있다. 찜기에 현미밥과 함께 채소도 넣어두면 따끈한 건강식 채소 반찬을 손쉽게 먹을 수 있다.

또 나는 다시마와 표고버섯 육수로 끓인 된장국을 좋아해서 전날 밤에 미리 냄비에 물과 다시마, 표고버섯을 넣어두고 잔다. 아침에 현미밥을 찔 때 같이 가스레인지에 올려두면 간단히 육수가 만들어지고, 이때 표고버섯을 잘라 건더기로 먹으면 다른 재료를 넣을 필요도 없다.

또한 자기 전에는 다음날 입을 옷도 미리 정해둔다. 아침에 일어나서 이것저것 고민하지 않고 입을 수 있기 때문에 그만큼 시간을 줄일 수 있다.

화장의 경우는 속눈썹이나 네일숍을 이용하는 것도 시간을 단축하는 방법이다. 곱슬머리여서 스타일링에 애를 먹는다면 스트레이트 펌을 하는 것도 좋을 것이다. 필자는 최근 수년 동안 긴 머리 스타일을 유지하고 있는데, 워낙 심한 곱슬머리인 탓에 아침마다 드라이를 하려면 시간이 너무 많이 걸린다.

그래서 반년에 한 번씩 곱슬머리 교정 시술을 받고 있다. 그러면 아침에 머리카락이 짓눌리는 일도 거의 없고, 급할 때는 헤어스타일을 정리해주는 스프레이 같은 것을 뿌리고 손으로 쓱쓱 빗기만 하면 드라이를 하지 않아도 그럭저럭 스타일이 산다. 시간이 있고 기분을 전환하고 싶을 때는 고데기로 웨이브를 만들기도 한다.

현미+끝물차로 기상 직후의 뇌를 활성화

나는 최근 5년 동안 거의 매일 아침밥으로 100% 현미밥을 먹었다. 백미는 땅에 뿌려도 싹이 안 나지만, 현미는 씨앗이므로 싹이 돋는다. 그런 생명 덩어리를 통째로 여유 있게 섭취하면 몸에 에너지가 넘치는 느낌이 든다. 현미밥은 꼭꼭 씹지 않으면 소화가 잘 되지 않는다. 아침에 천천히 현미밥을 씹을 여유가 있는 것은 아침에 일찍 일어나는 덕분이다. 또 꼭꼭 씹는 동안 멍한 상태이던 머리도 점점 맑아지는 것을 느낄 수 있다. 특정 비영리 활동 법인인 일본저작협회에서는 저작, 즉 씹는 행위가 우리 몸에 얼마나 좋은지 알리는 활동을 하고 있다. 비만 방지, 미각 발달, 발음이 명확해짐, 뇌 발달, 치아 질환 방지, 암 방지, 위장 운동 촉진, 전신의 체력 향상 등이 그 효과이다.

특히 주목할 점은 '뇌의 발달' 이다. 현미밥을 잘 씹어 먹으면 뇌에 산소와 영양이 공급되어 활성화 작용이 일어난다. 머리가 상쾌하게 깨어나는 것이다. 졸음 방지를 위해 껌을 씹는 사람들이 많은데, 바로 이런 이유 때문이다. 또 현미는 식이섬유가 풍부하다.

나는 현미식과 새벽 기상 습관을 통해 초등학교 시절부터 고민이었던 끈질긴 변비도 해소했다. 지금은 매일 한 번씩 시원하게 배변을 하고 있다. 몸에서 노폐물이 쑥 빠져나가면 컨디션도 좋아진다. 하루의 시작부터 엔진이 힘차게 돌아가는 격이랄까?

현미밥을 먹고 나서는 1장에서 소개한 끝물차를 마신다. 끝물차를 아침용으로 마시려면 매실장아찌를 이용할 것을 권한다. 찻잔에 매실장아찌 1개, 생강즙 1~2방울, 간장 1.5~2큰술 정도 넣고 갓 우려낸 끝물차를 부은 다음, 매실장아찌를 으깨가면서 마시면 온몸이 상쾌하게 깨어난다. 자연식품점에서 뜨거운 물만 부어도 매실 끝물차를 만들어 마실 수 있는 농축액을 팔고 있으므로, 아침부터 생강즙 내는 것이 귀찮다면 농축액만 사용해도 충분할 것이다.

패밀리 레스토랑에서 보내는 아침 시간은 에너지의 원천

회사원 시절에는 아침 4시에 일어나 몸단장을 마치고 5시가 넘으면 집을 나섰다. 6시를 조금 넘긴 시각에는 회사 근처에 있는 패밀리 레스토랑에 도착해 공부를 시작했다.

도시에 사는 사람이 아침 일찍 집을 나서서 얻을 수 있는 장점은 무엇보다 만원 전철을 타지 않아도 된다는 것이다. 나는 만원 전철을 타면 에너지를 뺏기는 느낌이 들어 되도록 피하고 싶은 것이 솔직한 심정이다.

- 이리저리 밀려서 힘들다.
- 혼잡한 탓에 손잡이도 못 잡는데, 나이든 아저씨며 땀 흘리는 샐러리맨들과 밀착되기 싫으면 필사적으로 균형을 잡으며 버텨야 한다.
- 아저씨들이 싫어서 여성 전용칸에 탔더니 이번에는 젊은 여성들의 뾰족한 하이힐에 마구 발등을 밟힌다.
- 발을 밟혀도 한 마디 사과도 없어 다시 울컥하고 무언가가 치밀어 오른다.
- 옆에 탄 아가씨의 가방 장식에 걸려 아끼는 스웨터의 실밥이 풀린다.

하루의 시작부터 이런 짜증스런 일을 맛보고 나면 열심히 뛰어보자는 마음도 시들해지기 마련이다. 하지만 일찍 일어나 일찍 집을 나서면 전철은 비어 있고, 덕분에 틀림없이 좌석을 차지할 수 있다. 또한 차 안에서 책과 신문을 읽을 수 있으니 시간을 또 한 번 효율적으로 활용할 수 있다.

간혹 전철이 운행 시간표대로 오지 않는 바람에 지각했다고 당당하게 이야기하는 사람들도 있는데, 그건 시간 관리를 못하고 있다는 증거이다. 전철이 약간 늦어졌다고 지각하는 사람은 애당초 그 전철을 탄 선택 자체가 실패라는 것을 깨달아야 한다.

외부 요인으로 하루의 시작부터 망가지는 것은 부끄러운 일이다. 지금 당장 고쳐보자.

아침형 인간 중에는 회사로 직행해 공부하는 것이 좋다는 사람도 있지만, 나는 회사의 일이 아니라 취미나 장래를 위한 공부를 많이 했기 때문에 패밀리 레스토랑이 적합했다. 게다가 컨설팅 회사는 아침형 인간이 많아서 회사라는 공간도 혼자서 천천히 집중할 수 있는 환경은 아니었다. 회사 근처에는 24시간 영업을 하는 패밀리 레스토랑이 두 군데 있었다.

나는 그중 한 군데를 메인 식당으로 정하고, 나머지 한 군데는 메인 식당이 사정으로 문을 닫는 날 찾는 예비 식당으로 정했다. 집에서 아침밥을 먹고 출발하기 때문에 달랑 음료수만 시키는 것이 조금은 미안했지만, 가끔은 세트 메뉴를 주문하기도 했고 밤에도 들렀다(이미 점원들과 얼굴을 튼 사이라 점원들이 먼저 "드링크 바 이용하실 거죠?"라는 말로 내가 쑥스럽지 않게 배려하며 늘 같은 자리로 안내해주었다. 그래도 나는 솔직히 쑥스러웠다).

패밀리 레스토랑도 일단 아침에는 텅 비어 있어서 좋다.

손님이 북적대는 점심시간에 넓은 테이블을 차지하고 죽치고 앉아 있으면 빈축을 사기 딱 좋지만 손님이 없는 아침 시간에는 너그럽게 봐주는 혜택도 얻을 수 있다. 그뿐만 아니라 나 말고도 그렇게 공부하는 사람이 많다는 사실을 알게 되어 용기도 얻는다.

주위를 둘러보면 특정 인물이 특정 시간에 특정 좌석에 앉아 있기 때문에 어느새 마치 내가 그들과 아는 사이인 듯한 느낌이 들었다. 그래서 혼자 멋대로 '동지' 라고 생각하고, 가끔 얼굴을 보지 못하는 날은 걱정까지 할 정도였다.

회사를 그만두고 도쿄에 사무실을 빌린 지금은 달리기를 하지 않는 날이면 아침 6시 30분에 사무실 근처에 있는 카페에 들른다. 사무실 문을 여는 아침 9시까지는 그곳을 메인 아지트로 삼는 것인데, 손님들로 북적대기 시작하는 점심시간에는 집으로 돌아가 식사를 한다. 그 다음에는 조금 떨어진 곳에 있는 패밀리 레스토랑으로 옮겨서 기분 전환을 할 겸 새로운 작업에 힘을 쏟는다.

필자는 이제껏 다양한 내용을 소개했다. 독자 여러분도 자기 나름대로의 활용법을 찾아서 '워크' 와 '라이프' 를 훌륭하게 융합시켜나가기를 바란다.

인생은 어리버리하게 보내도 될 만큼 길지 않다

필자는 언제나 '아무것도 하지 않는 시간'을 최소한으로 줄이고 밀도 높은 인생을 살겠다는 생각을 한다. 그런 생각을 하게 된 직접적인 계기는 건강 검진이었다. 31살밖에 안 된 내가 유방암이 의심된다는 진단을 받은 것이다. 그것도 6개월 후면 하와이에서 결혼식을 올릴 예정이던 시기에. 결국 별 문제는 없었지만 그 일로 나는 인생을 깊이 생각하게 되었다.

사람은 언제 죽을지 모른다. 죽기 전에 '아, 저것도 한 번 해봤으면 좋았을 것을……. 그것도 한 번 해봤으면 좋았을 것을…….' 하는 후회를 하고 싶지는 않다.

이왕이면 "열심히 살았으니 이제 만족한다!"라는 말을 남기며 죽고 싶다. 그런 생각으로 매일의 생활에 박차를 가했고 아침 4시 기상에도 빠른 속도로 익숙해질 수 있었다.

사람에 따라서는 이런 나의 생활 방식이 '억척' 스럽고 워크-라이프 밸런스와 전혀 반대되는 생활이라고 생각할 수도 있겠지만, 결론적으로 볼 때 4시 기상은 워크-라이프 밸런스를 잘 잡아주는 지름길이 되었다.

대학에 두 번이나 낙방하고 실의에 빠져 있던 19세의 봄. 나는 새벽 기상 같은 습관을 익히게 되리라고는 꿈에도 생각지 못했다.

당시 내 머릿속은 '이대로는 안 돼!' 라는 자기혐오, '온실 속 화초로 자란 공주님들에게 절대로 지지 않겠어!' 라는 심한 콤플렉스로 가득했다. 그런 부정적인 에너지를 그대로 안고 있었다면 세상에 대한 불만만 가득 차서 어느 것 하나 내 힘으로 실천하지 못하는 쓸모없는 인생을 살고 있었을 것이다.

자신에게 문제가 있다는 것은 깨닫지 못한 채 세상에 대한 불평만 입에 담는 인생은 그 얼마나 보잘것없는가! 하지만 나는 다행히 아침 4시 기상 습관을 들였고 부정적인 에너지를 긍정적인 에너지로 바꾸면서 인생에 큰 변화를 맞았다.

'억척스럽고 욕심스럽다' 는 이야기를 듣더라도 인생의 시간 밀도를 높이고 싶다면 독자 여러분도 아침 4시 기상을 실천해보기 바란다.

나와 이 책이 기꺼이 길잡이가 될 것이다.

나는 4시 기상의 대단한 힘을 한 명이라도 더 많은 사람에게 알리기 위해 이 책을 썼다. 집필 과정에서 많은 분께 신세를 졌다.

매거진 하우스 제1서적 편집부의 히라키 요시노부平城好誠 씨는 생각만 앞서고 좀처럼 진전이 없던 나를 1년 이상 질타하는 한편 격려해주셨다. 감사드린다.

엘리어스 북 컨설팅의 도이 에지土井英司 씨는 출판을 계기로 나의 장점과 함께 나다움에 대해 깊이 생각하는 계기를 마련해주셨다. 다시금 고마운 마음을 전한다.

경제적으로 어려운 와중에도 대학을 다시 들어가겠다는 딸의 요청을 흔쾌히 허락해주시고 가계의 허리띠를 졸라매가며 공부시켜주신 부모님께도 고개 숙여 인사드린다. 두 분의 이해가 없었다면 지금의 나는 존재할 수 없을 것이다.

마지막으로 매번 부정적인 생각이 고개를 들 때마다 '당신은 할 수 있다' 고 매일 같이 격려해주는 남편에게도 고맙다는 말을 전한다. 여보, 고마워요.

이케다 지에

새벽형 인간

초판인쇄 2011년 5월 15일
초판발행 2011년 5월 20일

지은이 이케다 지에
옮긴이 정문주
펴낸이 박찬후

주소 서울시 구로구 구로2동 453-9
전화 02-3281-2778
팩스 02-3281-2768
e-mail book_herb@naver.com
http://cafe.naver.com/book_herb

값 7,000원
ISBN 978-89-94938-03-5(00320)